*Nadine O'Shea.
5th Year.*

FRENCH REVISION FOR LEAVING CERTIFICATE

(Ordinary Level)

SECOND EDITION

ALEX O'DWYER

CORRAN COLLEGE
BALLYMOTE
CO. SLIGO.
TEL: 071-83285

GILL & MACMILLAN

Gill & Macmillan Ltd
Hume Avenue
Park West
Dublin 12
with associated companies throughout the world
www.gillmacmillan.ie

© Alex O'Dwyer 2004, 2007, 2008
Artwork © Michael Phillips 2004

978 7171 4142 5
Print origination by Carrigboy Typesetting Services

The paper used in this book is made from the wood pulp of managed forests. For every tree felled, at least one tree is planted, thereby renewing natural resources.

All rights reserved.
No part of this publication may be copied, reproduced or transmitted in any form or by any means without written permission of the publishers or else under the terms of any licence permitting limited copying issued by the Irish Copyright Licensing Agency.

PICTURE CREDITS

The author and publisher gratefully acknowledge the following for permission to reproduce photographic material:

ALAMY IMAGES: 12, 20, 24, 28, 51, 59, 80, 89 © Alamy Images
CORBIS: vi © Owen Franklin; 25 © Andrew Brookes; 30 © Tom & Dee McCarthy
FRENCH PICTURE LIBRARY: 9, 15, 18, © French Picture Library
IMAGEFILE IRELAND: 10 © Peter Bowater
LONELY PLANET IMAGES: 87 © Rob Flynn
REX FEATURES: 32 © Sipa Press; 45 © Araldo Di Crollalanza; 61 © Erik C Pendzich

The author and publishers have made every effort to trace all copyright holders, but if any has been inadvertently overlooked we would be pleased to make the necessary arrangements at the first opportunity.

CONTENTS

Introduction   v
Exam Layout   vii

1. Oral Exam

Introduction	1
Communication	1
Structures	4
Pronunciation	6
Vocabulary	8
Typical topics *(moi-même, ma famille, ma maison/mon quartier, mon école, mes passe-temps, le sport, une journée typique, mes amis, le petit boulot et l'argent de poche, le week-end, les vacances, l'année prochaine)*	9
Le document	32

2. Reading Comprehension

Introduction	35
Grammar guidelines	37
Past papers 2003–2001	41

3. Written Expression

Introduction	66
Section A (a): Cloze tests (including past papers)	67
Section A (b): Form-filling (including past papers)	72

Section B (a): Messages (including past papers)	78
Section B (b): Postcards (including past papers)	80
Section C (a): Diary entries (including past papers)	83
Section C (b): Letters (including past papers)	86

4. Listening Comprehension (Aural)

Introduction	94
Exam tips	94
Vocabulary *(les numéros et les quantités, l'heure et les dates, les couleurs, la météo, les actualités, les accidents de la route, le sport, les annonces, interviews, le travail, le divertissement)*	96
Past papers 2005–2001	113

5. Grammar

Introduction	146
Les Noms (Nouns)	146
Les Articles (Articles)	149
Les Prépositions (Prepositions)	151
L'Article Partitif (Partitive Article)	152
Les Adjectifs (Adjectives)	153
Les Adverbes (Adverbs)	158
Les Verbes (Verbs) *(le présent de l'indicatif, le futur, le passé composé, l'imparfait, le conditionnel)*	160
La Négation (The Negative)	174
L'Interrogation (The Interrogative)	175
L'Impératif (The Imperative)	176
Les Pronoms (Pronouns)	177

6. Solutions and Sample Answers

Section I: Reading comprehension	184
Section II: Written expression	194
Section III: Listening comprehension	203

Past Examination Papers

207

INTRODUCTION

A common problem with many Leaving Certificate students is that they don't know what to expect in their exam and hence they find it very difficult to achieve good grades. This revision book tells you what type of questions to expect so that you know what you need to revise; it shows you where the marks are going and what you should spend time on, and it helps you build up vocabulary relevant to the questions you will be asked. Study it well and you will be rewarded with better grades.

The book is divided up into six sections. The first four sections deal with each of the four parts of the exam: oral, reading, writing and listening. Each section explains how the marks are allocated, how you should divide your time and it gives you tips and guidelines which will help you achieve better marks. Each section also includes questions from past papers.

In the oral section the marking scheme is outlined, all the basic topics are covered and the document option is fully explained. In the reading comprehension section there are guidelines which will help prepare you for the type of passages and questions that will be on the exam paper. In the written section you are given phrases for each of the various exercises and you should learn these off by heart. Finally, in the listening comprehension section there are tips to help you tackle the paper and vocabulary which you should revise before the exam.

The fifth section revises all the grammar that you need to know at Ordinary Level. It is essential that you revise all of this before the exam as it is very difficult to achieve high marks in any of the four areas without a good grasp of basic French grammar. The sixth gives you the solutions to the past papers 2001–2003 and provides sample answers for the written expression questions. Throughout the book there are also 'Now test yourself' exercises which will help you see how well you are revising – you can mark yourself out of ten in the boxes provided!

Travaille bien et bonne chance.

EXAM LAYOUT

The Leaving Certificate French exam is made up of the following four parts:

Oral Exam	*20%*	*80 marks*
Reading Comprehension	*40%*	*160 marks*
Written Expression	*15%*	*60 marks*
Listening Comprehension (Aural)	*25%*	*100 marks*

Oral Exam – The oral consists of a 12–13-minute general conversation with the examiner. You may also bring a 'document' into the exam with you. This may be a French novel, a photo, a project you have done in French, or an article in French. You can then chat about this 'document' with the examiner for about two minutes of the conversation. The examiner will mark the conversation under four categories: communication 30 marks, structures (i.e. grammar) 30 marks, pronunciation 20 marks and vocabulary 20 marks.

Reading Comprehension – This part of the exam consists of passages to read and answer questions on. There are generally four comprehensions, each worth 40 marks. Questions on the first two comprehensions are asked in English and you answer in English, and questions on the last two comprehensions are asked in French and you answer in French (apart from the final question which is asked and answered in English).

In the two comprehensions where you have to give answers in French (i.e. comprehensions 3 and 4) you are usually asked a grammar question in French (e.g.

Trouvez un verbe à l'imparfait – Find a verb in the imperfect) and you are asked questions such as 'Find the phrase that shows' (*Relevez une phrase qui montre . . .*).

Written Expression – The written exam is divided into three sections: A, B and C. You must do two of the sections. In each section there will be two questions of which you only need to do one, e.g. A (i) or A (ii), B (i) or B (ii), C (i) or C (ii) and you can choose for example to do A (i) and B (ii). Each question is worth 30 marks.

Section A (i) consists of a passage with words missing (generally ten) and you have to put the correct word into the correct gap. Part (ii) is a form to fill in, e.g. a job application form or an enrolment form for a summer camp. Section B (i) is a message to write while B (ii) is a postcard. Section C (i) consists of a diary entry, while C (ii) is generally a formal letter.

Listening Comprehension (Aural) – The aural exam takes place in June on the same day as the written exam. It lasts about 40 minutes. You will hear a tape and answer questions on it in English. The tape is divided into five sections. The first four segments are each played three times: first right through, then in segments with pauses, and finally right through again. The final section usually consists of short radio news items and each item is played twice. The tape is the same tape as for the Honours paper but the questions are easier and many of them are often multiple-choice.

1. ORAL EXAM

Percentage = 20%
Marks = 80 (marked out of 100 on the day and then adjusted later)
Time = 15 minutes

Introduction

The oral exam lasts fifteen minutes. Within this time the examiner has to fill in all your marks and therefore your conversation with the examiner will normally last twelve to thirteen minutes. You may also bring a 'document' into the exam with you. This may be a French novel, a photo, a project you have done in French, or an article in French. You can then chat about this 'document' with the examiner for about two minutes of the conversation. Many students do not perform as well as they should in the oral exam because they are nervous and are not well prepared. It is easy to anticipate the questions you will be asked, particularly at Ordinary Level, so there is no excuse for not being prepared.

The examiner will mark the conversation under four categories:

– Communication   30 marks
– Structures (i.e. grammar) 30 marks
– Pronunciation   20 marks
– Vocabulary   20 marks

Communication (30 marks)

0–11   Even with a limited range of topics communication is very weak. The candidate often doesn't understand the question, is very hesitant and would not be understood by a French speaker.

12–18   Adequate communication on all everyday topics. The candidate generally understands the question, can get his/her message across and would probably be understood by a French speaker.

19–30   Good to excellent communication on a wide range of topics. The candidate can develop a subject, his/her conversation flows and he/she would be easily understood by a French speaker.

In order to score highly in this area you must show a willingness to speak French. This means that if you can overcome nerves and keep the conversation going, you can, despite any grammatical errors that you might make, do very well in this section. Here are some tips which will help improve your marks:

– Greet the examiner pleasantly when you arrive in the room with *'Bonjour Madame/Monsieur'*.
– When asked to sign your name, do so saying something like *'Oui, bien sûr, Madame/Monsieur,'* to show that already you are making an effort to speak French.
– Try to smile and look at the examiner when answering the questions. Eye contact is an important part of communication.
– Try to avoid giving one-word answers in the exam. Expand as much as possible. A good aim is to try and answer each question with at least three sentences, e.g. Examiner: *'Vous avez des frères et des sœurs?'* You: *'Oui, j'ai un frère et pas de sœur. Mon frère s'appelle Jean et il a treize ans. Il a les cheveux bruns et les yeux bleus.'*
– Try to sound natural and enthusiastic in the exam. Instead of *'Oui'* use *'Oui, bien sûr'*, *'Oui, tout à fait'*, *'Oui, absolument'*.
Instead of *'Non'* use *'Non, pas du tout'*, *'Non, pas vraiment'*, *'Non, absolument pas'*. Use phrases such as *'C'est chouette'*, *'C'est super'*, *'C'est formidable'*.
– Talk as much as possible during the exam but don't recite chunks that you have learnt off by heart.
– If you didn't hear a question, don't panic. Simply ask the examiner to repeat it: *'Pardon Madame/Monsieur, pouvez-vous répéter la question, s'il vous plaît?'* Similarly if you don't understand a question, just ask the examiner to explain it: *'Pardon Madame/Monsieur, vous pouvez expliquer la question, s'il vous plaît? Je ne comprends pas.'*

Study the different ways of asking questions:

– ***Vous aimez** l'Irlande?*   – **Do you** like Ireland?
– ***Aimez-vous** l'Irlande?*   – **Do you** like Ireland?
– ***Est-ce que vous aimez** l'Irlande?* – **Do you** like Ireland?

Study the different question words:

Combien de frères avez-vous?	– **How many** brothers do you have?
Pourquoi aimez-vous l'Irlande?	– **Why** do you like Ireland?
Qui fait la cuisine chez toi?	– **Who** does the cooking in your house?
Quand est ton anniversaire?	– **When** is your birthday?
Que faites-vous pour aider à la maison?	– **What** do you do to help at home?
Quelle est votre matière préférée?	– **Which** is your favourite subject?
Où allez-vous en vacances d'habitude?	– **Where** do you usually go on holidays?

Study these short phrases which will help you to communicate better:

Je pense que . . . /je crois que . . .	I think that . . .
Je déteste ça.	I hate that.
J'adore ça.	I love that.
J'aime beaucoup . . .	I like . . . a lot.
Je n'aime pas du tout . . .	I really don't like . . .
Ça m'est égal.	I don't mind/don't care one way or the other.
Je sais.	I know.
Je ne sais pas.	I don't know.
Ça dépend.	It depends.
À mon avis . . .	In my opinion . . .
heureusement	fortunately
malheureusement	unfortunately
Je suis désolé(e).	I am sorry.
Je ne comprends pas la question.	I don't understand the question.
Pouvez-vous répéter la question?	Could you repeat the question?
Je n'ai pas entendu la question.	I didn't hear the question.
parce que	because
mais	but
tous les jours	every day
le week-end	at the weekend
en ce moment	at the moment
de temps en temps	from time to time
surtout	especially
très	very
un peu	a little
d'habitude	usually
maintenant	now
souvent	often

il y a	there is
il y avait	there was
il y aura	there will be
c'est	it is
c'était	it was
ça sera	it will be

Structures (30 marks)

0–11 Structures and verbs incorrect even in the present tense.

12–18 Agreement, negatives and basic structures generally correct. Few faults in Present, *Passé Composé* and Future tenses.

19–30 Good to excellent knowledge of structures. Few faults in all tenses and in gender and agreements.

Here the examiner will be marking you on your grammar, particularly your ability to use verbs correctly. Make sure you revise the Present, *Passé Composé*, Future, Imperfect and Conditional tenses so that you can use the correct tense when answering questions. Also revise the gender of nouns and agreement of adjectives. Study this verb table which gives important verbs in the *Passé Composé*, Present and *Futur Proche*.

Table 1.1

Hier / le week-end dernier / l'été dernier	*Aujourd'hui / le week-end / tous les jours*	*Demain / le week-end prochain / l'année prochaine*
J'ai joué (I played)	Je joue (I play)	Je vais jouer (I am going to play)
J'ai travaillé (I worked)	Je travaille (I work)	Je vais travailler (I am going to work)
J'ai étudié (I studied)	J'étudie (I study)	Je vais étudier (I am going to study)
J'ai vu (I saw)	Je vois (I see)	Je vais voir (I am going to see)
J'ai lu (I read)	Je lis (I read)	Je vais lire (I am going to read)
J'ai aidé (I helped)	J'aide (I help)	Je vais aider (I am going to help)
J'ai fait (I did)	Je fais (I do)	Je vais faire (I am going to do)
J'ai regardé (I watched)	Je regarde (I watch)	Je vais regarder (I am going to watch)
Je suis sorti(e) (I went out)	Je sors (I go out)	Je vais sortir (I am going out)
Je suis allé(e) (I went)	Je vais (I go)	Je vais aller (I am going to go)
Je suis parti(e) (I left)	Je pars (I leave)	Je vais partir (I am going to leave)
Je suis arrivé(e) (I arrived)	J'arrive (I arrive)	Je vais arriver (I am going to arrive)

Je me suis levé(e) (I got up)	Je me lève (I get up)	Je vais me lever (I am going to get up)
Je me suis couché(e) (I went to bed)	Je me couche (I go to bed)	Je vais me coucher (I am going to go to bed)

A common error in the structure section is to answer a question by echoing the verb used in the question, i.e. you repeat the verb the examiner used.

Example: '*Vous allez souvent au cinéma?*' '*Oui, j'allez au cinéma chaque week-end.*'

The answer should, of course, be: '*Oui, je vais au cinéma chaque week-end.*'

To avoid making this mistake study what form of the verb to use when answering a question:

Table 1.2

Question	Meaning	Affirmative answer	Negative answer
Vous avez	Do you have	Oui, j'ai	Non, je n'ai pas
Vous êtes	Are you	Je suis	Je ne suis pas
Vous allez	Do you go	Je vais	Je ne vais pas
Vous aimez	Do you like	J'aime	Je n'aime pas
Vous prenez	Do you take	Je prends	Je ne prends pas
Vous voulez	Do you want	Je veux	Je ne veux pas
Vous sortez	Do you go out	Je sors	Je ne sors pas
Vous jouez	Do you play	Je joue	Je ne joue pas
Vous travaillez	Do you work	Je travaille	Je ne travaille pas
Vous regardez	Do you watch	Je regarde	Je ne regarde pas
Vous étudiez	Do you study	J'étudie	Je n'étudie pas
Vous habitez	Do you live	J'habite	Je n'habite pas
Vous venez	Do you come	Je viens	Je ne viens pas
Vous pouvez	Are you able	Je peux	Je ne peux pas
Vous lisez	Do you read	Je lis	Je ne lis pas
Vous pensez	Do you think	Je pense	Je ne pense pas
Vous comprenez	Do you understand	Je comprends	Je ne comprends pas
Vous faites	Do you do/make	Je fais	Je ne fais pas
Vous vous levez	Do you get up	Je me lève	Je ne me lève pas
Vous vous couchez	Do you go to bed	Je me couche	Je ne me couche pas

When you hear a question are you being asked about the past, present or future? Study the following sentences.

Qu'est-ce que vous avez fait samedi?	– What did you do last Saturday?
Qu'est-ce que vous faites le samedi?	– What do you do on Saturdays?
Qu'est-ce que vous allez faire samedi?	– What are you going to do on Saturday?
Où allez-vous passer vos vacances?	– Where are you going to spend your holidays?
Où avez-vous passé vos vacances?	– Where did you spend your holidays?
Vous allez travailler pendant les vacances?	– Are you going to work during the holidays?
Vous avez travaillé pendant les vacances?	– Did you work during the holidays?
Vous êtes allé au cinéma samedi?	– Did you go to the cinema on Saturday?
Vous allez au cinéma samedi?	– Are you going to the cinema on Saturday?
Vous allez au cinéma le samedi?	– Do you go to the cinema on Saturdays?

Listen for the words *dernier/dernière* and *passé* = Past Tense
Listen for the words *prochain/prochaine* = Future Tense

Pronunciation

0–7   Stress often in the wrong place and words mispronounced most of the time.
8–12   Words generally well pronounced. Intonation, stress and rhythm close to French.
13–20 Few if any faults in pronunciation of words. Intonation, stress and rhythm almost always correct.

Out of 100 marks in the oral exam, 20 are given to pronunciation. If pronunciation is incorrect you may not be understood by the examiner. The best way to improve your pronunciation is to listen as much as possible to your teacher and to French tapes. The following few guidelines will also help you to improve your score in this area of the exam.

Stress

Stress is much weaker in French than in English. All it really does is lengthen the final syllable of the word, so it is important to speak slowly and make an effort to pronounce each syllable with equal stress.

The final consonant in French is usually not pronounced.
Example: *beaucoup* (bo-koo)
Some common exceptions are: *parc* (park), *chef* (shef) and *avec* (ah-vek).
The final consonant followed by 'e' mute is also pronounced.
Example: *français* (fron-say)
française (fron-sez)

Verb Endings

Never pronounce the 'e', 'es' or 'ent' at the end of a verb.
Example: *je cache, tu caches* and *ils cachent*.
All of these will be pronounced 'cash'.
Remember 'é', 'er' and 'ez' are all pronounced 'ay'.
Example: *allé, aller* and *allez*.
All of these will be pronounced 'allay'.

Liaison

French consonants at the end of a word are only pronounced when the following word begins with a vowel or a silent h. When the two words run on like this it is called liaison.
Example: *Il est artiste* sounds like 'ee lay tarteest'.
Nos amis sounds like 'no zamee'.
Vous avez sounds like 'voo zavay'.
Il est sounds like 'ee lay'.

There is no liaison in the following cases:
– with the word *et*.   Example: *et une orange*
– with the word *oui*.   Example: *mais oui*
– with the number *onze*.   Example: *les onze livres*
– with proper nouns.   Example: *Paris est une belle ville*

Nasal Vowels

There are only four nasal vowels in French. This little phrase will help you to remember them as each word contains one of the four nasal vowel sounds: ***un bon vin blanc*** (a good white wine).

Intonation

In a statement the tone does not rise.

Example: *Il joue au foot.*

In a question the tone rises towards the end.

Example: *Tu joues au foot?*

In a question which starts with inversion, '*est-ce que*', or a question word the tone falls and then rises.

Example: *Joues-tu au foot? Est-ce que tu joues au foot? Quand joues-tu au foot?*

In exclamations the intonation starts low and then rises.

Example: *C'est super!*

Remember to talk slowly. This will make it easier to pronounce your words correctly, it will give you more time to think about what you are going to say and will hopefully make the exam go by more quickly.

Vocabulary

- 0–7   Unable to communicate because of a lack of basic vocabulary.
- 8–12   Enough vocabulary to communicate at a basic to average level.
- 13–20 Good to excellent knowledge of vocabulary enabling discussion of a wide range of topics.

You can predict many of the topics that the examiner will ask you about, so there is no excuse for not being prepared. This section covers twelve basic topics and the document option. The examiner will ask you about most of these topics and possibly about all of them so make sure you study this section well so that you can speak confidently. Don't forget to also revise the basics like numbers, colours, days of the week, food. Many students can talk about the problems in their neighbourhood but cannot tell you what they ate for breakfast or what colour their school uniform is. Don't be one of them.

Typical Topics

Moi-Même

Comment vous appellez-vous? – What is your name?
Je m'appelle . . . – My name is . . .

Vous avez quel âge? – How old are you?
J'ai dix-sept / dix-huit ans. – I am seventeen/eighteen.
Mon anniversaire est le dix juin. – My birthday is the tenth of June.
J'aurai dix-neuf ans le mois prochain. – I will be nineteen next month.
Je suis né le quatre mai mil neuf cent quatre-vingt-onze. – I was born on the fourth of May 1991.

Décrivez vous-même. Describe yourself.
Je suis grand(e) / petit(e) / de taille moyenne / mince / gros (grosse). – I am tall/small/average height/thin/fat.

J'ai les yeux bleus / bruns / gris / verts. – I have blue/brown/grey/green eyes.
J'ai les cheveux longs / courts / bruns / blonds / bouclés / raides. – I have long/short/brown/blond/curly/straight hair.

Décrivez votre personnalité. Describe your personality.
Je suis patient(e) / bavard(e) / sociable / timide / sympathique / paresseux (paresseuse) / sportif (sportive). – I am patient/talkative/outgoing/shy/nice/lazy/sporty.

Quels sont vos passé-temps préférés? What are your favourite pastimes?
J'adore le sport, je joue au foot tous les jours. – I love sport, I play football every day.
Je fais de la natation et de la voile. – I do swimming and sailing.
J'aime la musique, je joue de la guitare dans un groupe. – I like music, I play the guitar in a group.
J'adore regarder la télévision et écouter la radio. – I love to watch television and to listen to the radio.
Pendant mes moments de loisir j'aime lire. – During my free time I like to read.
J'aime sortir au cinéma avec mes amis. – I like to go out to the cinema with my friends.

Ma Famille

Avez-vous des frères et des sœurs? – Have you any brothers or sisters?
J'ai un frère et deux sœurs. Ils s'appellent . . . – I have one brother and two sisters. Their names are . . .
J'ai trois frères et pas de sœur. Ils ont huit, dix et douze ans. – I have three brothers and no sisters. They are eight, ten and twelve years old.
Je suis enfant unique. – I am an only child.

Parlez-moi un peu de votre frère/sœur. – Tell me a little bit about your brother/sister.
Il/elle est plus jeune/âgé(e) que moi. – He/she is older/younger than me.
Il/elle est le cadet/la cadette/l'aîné(e) de la famille. – He/she is the youngest/oldest in the family.
Il/elle n'habite plus chez nous. – He/she no longer lives at home.
Il/elle est à l'école primaire/secondaire/l'université. – He/she is in primary school/secondary school/university.
Il/elle est très gentil (gentille)/drôle/énervant(e). – He/she is very nice/funny/annoying.
Pendant ses moments de loisir il/elle aime bien . . . – During his/her free time he/she likes . . .

Est-ce que vous vous entendez bien avec votre frère/sœur? – Do you get on well with your brother/sister?
Oui, je m'entends bien avec lui/elle. – Yes, I get on well with him/her.
Non, je ne m'entends pas avec mon frère/ma sœur, nous nous disputons tout le temps. – No, I don't get on with my brother/sister, we argue all the time.
En général c'est bien, mais nous nous disputons sur des petites choses, comme les vêtements, la télévision. – In general it's okay, but we argue about little things, like clothes, TV.

Décrivez vos parents. – Describe your parents.
Ils s'appellent . . . et . . . – Their names are . . .
Mon père vient de Dublin et ma mère vient de Donegal. – My dad comes from Dublin and my mother comes from Donegal.
Il est sérieux/beau/sportif/calme/têtu. – He is serious/handsome/sporty/calm/stubborn.
Elle est compréhensive/belle/toujours de bonne humeur/impatiente. – She is understanding/pretty/always in a good mood/impatient.

Que font vos parents dans la vie? – What do your parents do for a living?
Mon père est facteur/professeur/comptable/mécanicien/gérant/chômeur. – My dad is a postman/teacher/accountant/mechanic/manager/unemployed.
Ma mère reste à la maison et s'occupe de nous. – My mother stays at home and looks after us.
Ma mère travaille dans un bureau/un magasin/une banque. – My mother works in an office/a shop/a bank.

Ma Maison/Mon Quartier

Où est-ce que vous habitez? – Where do you live?
J'habite un appartement au centre-ville/une ferme à la campagne/un pavillon au bord de la mer. – I live in an apartment in the centre of town/on a farm in the country/in a bungalow by the sea.
Ma maison se trouve en banlieue, à dix kilomètres de la ville. – My house is in the suburbs, ten kilometres from town.
J'habite dans une maison jumelée près de l'école. – I live in a semi-detached house near the school.

Décrivez-moi votre maison. – Describe your house to me.
C'est une maison de deux étages dans un grand lotissement. – It's a two-storey house in a housing estate.

J'habite un pavillon dans une rue tranquille. – I live in a bungalow in a quiet road.
Ma maison est grande / petite / confortable / vieille. – My house is big/small/comfortable/old.
Il y a un grand jardin devant et un petit jardin derrière. – There is a big garden in front and a small garden behind.
Chez nous, il y a neuf pièces et un garage pour la voiture. – In our house, there are nine rooms and a garage for the car.
Nous avons quatre chambres, une cuisine, un salon et une salle à manger. – We have four bedrooms, a kitchen, a living room and a dining room.

Et votre chambre, elle est comment? – And what is your bedroom like?
J'ai ma propre chambre, elle est petite mais très confortable. – I have my own room, it's small but very comfortable.
Les murs sont jaunes avec des rideaux bleus et un tapis bleu. – The walls are yellow with blue curtains and a blue carpet.
Je dois partager ma chambre avec ma sœur, elle est très désordonnée. – I have to share my room with my sister, she is very untidy.
Dans ma chambre il y a un lit, une armoire pour mes vêtements, une table, une chaise et une étagère pour mes livres et ma chaîne hi-fi. – In my room there is a bed, a wardrobe for my clothes, a table, a chair and a shelf for my books and my stereo.
J'adore ma chambre, j'y passe des heures. – I love my room, I spend hours in it.

Est-ce que vous aimez votre quartier? – Do you like your area?
Oui, bien sûr, j'aime mon quartier. – Yes, of course, I like my area.
C'est joli / agréable / tranquille / loin du bruit. – It's pretty/pleasant/quiet/away from noise.
Mes voisins sont toujours prêts à rendre service / contents de bavarder. – My neighbours are always ready to lend a hand/happy to chat.
Je n'aime pas vraiment mon quartier. – I don't really like my area.
Il y a un manque d'espaces verts / beaucoup de délinquance. – There is a lack of green areas/lots of delinquency.
Le quartier est surpeuplé. – The area is overpopulated.
Les gens ne sont pas très accueillants / sympas / tolérants. – The people are not very welcoming/nice/tolerant.

Qu'est-ce qu'il y a à faire dans votre quartier? – What is there to do in your area?
Dans mon quartier il y a un manque de distractions / beaucoup de possibilités de loisirs. – In my area there is a lack of activities/lots of leisure possibilities.
Nous avons un club de jeunes / des bistros / une discothèque. – We have a youth club/bars/a disco.
Il y a une bibliothèque / des églises / un parc / un centre commercial. – There is a library/churches/a park/a shopping centre.
Les jeunes peuvent jouer au foot / faire des courses / aller au cinéma. – The young can play football/go shopping/go to the cinema.
Les jeunes s'ennuient, il n'y a rien à faire, on est loin des magasins. – The young people get bored, there is nothing to do, we are far from the shops.

À votre avis quels sont les désavantages/avantages de votre quartier? – In your opinion what are the disadvantages and advantages of your area?
La circulation m'énerve, surtout les embouteillages aux heures de pointe. – The traffic annoys me, especially the traffic jams at rush hour.
Parmi les problèmes sont la délinquance, le vandalisme et les graffiti. – Among the problems are delinquency, vandalism and graffiti.
La pollution, la fumée, et les gaz d'échappement des voitures sont un grand désavantage d'habiter en ville. – The pollution, the smoke and the fumes from cars are a big disadvantage of living in town.
Nous avons un grand choix de distractions et un grand nombre de magasins. – We have a large choice of activities and a large number of shops.
J'aime le calme, la beauté et la tranquillité de la campagne. – I like the calm, the beauty and the peacefulness of the countryside.
J'aime habiter loin du bruit de la ville mais parfois je me sens un peu isolé(e). – I like to live away from the noise of the town but sometimes I feel a little isolated.

Mon École

Décrivez votre école. – Describe your school.
C'est une école mixte / une école de garçons / une école privée. – It's a mixed/boys/private school.
Mon école est située au centre-ville / en banlieue. – My school is situated in the centre of town/in the suburbs.
Il y a cinq cents élèves et une trentaine de profs. – There are five hundred students and around thirty teachers.

Quelles matières faites-vous à l'école? – What subjects are you doing in school?
Je fais des maths, de l'anglais, de l'irlandais, du français, de l'histoire, de la biologie et de la comptabilité. – I am doing maths, English, Irish, French, history, biology and accounting.
J'étudie sept matières, trois matières obligatoires et quatre matières facultatives. – I am studying seven subjects, three compulsory subjects and four optional subjects.

Quelle est votre matière préférée? – Which is your favourite subject?
Ma matière préférée est le dessin / la musique / les arts ménagers parce que c'est intéressant. – My favourite subject is art/music/home economics because it's interesting.

J'adore la chimie / l'éducation physique / l'espagnol. C'est facile. – I love chemistry/PE/Spanish. It's easy.

Quelle matière est-ce que vous n'aimez pas? – What subject do you not like?
Ce que je déteste le plus c'est l'allemand / les études de construction / la physique, c'est très difficile. – I really hate German/construction studies/physics, it's very difficult.
Le prof est trop sévère et il nous donne trop de devoirs. – The teacher is too strict and he gives us too much homework.
Est-ce que vous aimez le français? – Do you like French?
Oui, j'aime bien le français, mais je ne suis pas très doué(e) pour les langues. – Yes, I like French, but I am not very good at languages.
Non, je le trouve ennuyeux. – No, I find it boring.
Je suis fort(e) / faible / moyen (moyenne) en français. – I am good/weak/average at French.
J'étudie le français depuis six ans. – I have been studying French for six years.

Quels sont les équipements sportifs et scolaires dans votre école? – What are the facilities like in your school?
Dans notre école il y a une cantine, des laboratoires, une salle de concert et une bibliothèque. – In our school there is a canteen, laboratories, a concert hall and a library.
Les équipements sportifs sont excellents, nous avons des terrains de sport, un gymnase et des courts de tennis. – The sports facilities are excellent, we have sports pitches, a gym and tennis courts.

Comment vas-tu à l'école? – How do you get to school?
Je vais à l'école en voiture avec mes voisins / en vélo / à pied / en autobus. – I go to school by car with my neighbours/by bike/on foot/by bus.

Les cours commencent à quelle heure? – At what time do classes start?
Les cours commencent à neuf heures et finissent à trois heures et demie. J'ai huit cours chaque jour. – Classes start at nine o'clock and finish at half past three. I have eight classes every day.

Est-ce qu'il y a beaucoup de règlements dans votre école? – Are there a lot of rules in your school?
On est obligé de porter un uniforme / d'être à l'heure pour les cours. – We have to wear a uniform/be on time for classes.
Il est interdit de fumer / de manger en classe / de manquer les cours. – It is forbidden to smoke/eat in class/miss class.
Il y a la colle après les cours. – There is detention after school.
Notre directeur est très strict. – Our principal is very strict.

Comment sont les profs? – What are the teachers like?
Les profs sont trop stricts et se fâchent facilement. – The teachers are too strict and get angry easily.
La plupart des profs sont sympas et nous aident beaucoup. – Most of the teachers are nice and help us a lot.
Ils travaillent très dur et nous encouragent beaucoup. – They work very hard and encourage us a lot.
Il y a de bons rapports entre les profs et les élèves. – There is a good relationship between the teachers and the students.

Décrivez votre uniforme. – Describe your uniform.
Je porte un pantalon gris, une chemise blanche, un pull noir et une cravate noire et grise. – I am wearing grey trousers, a white shirt, a black jumper, and a black and grey tie.
J'aime bien mon uniforme, il est très pratique. – I like my uniform, it's very practical.
Je déteste mon uniforme, il n'est pas très confortable et il est démodé. – I hate my uniform, it is not very comfortable and it's old-fashioned.

Vous aimez votre école? – Do you like your school?
Non, je n'aime pas tellement mon école. – No, I don't really like my school.
Nous avons une journée trop longue et un emploi du temps surchargé. – Our day is too long and our timetable is packed.
Il y a la pression des examens / trop de devoirs / beaucoup de règlements. – There is exam pressure/too much homework/lots of rules.
Mon école, ça me plaît, j'ai de très bons amis ici. – I like my school, I have very good friends here.

Mes Passe-temps (Musique, TV, Ciné)

Est-ce que vous aimez la musique? – Do you like music?
Je passe tous mes moments de loisir à écouter de la musique, je ne peux pas vivre sans. – I spend all my free time listening to music, I couldn't live without it.
J'aime écouter de la musique tous les matins pour me réveiller/chaque soir avant de me coucher. – I like to listen to music every morning to wake me up/every evening before going to bed.
J'adore collectionner des cassettes et des disques. – I love collecting tapes and CDs.
Je préfère la musique pop/classique/traditionnelle. – I prefer pop/classical/traditional music.
Je ne peux pas supporter le punk. – I can't bear punk.
Je joue du piano/du violon/de la guitare. – I play the piano/the violin/the guitar.

Je joue bien/mal. – I play well/badly.
Je prends des cours tous les mercredis. – I take lessons every Wednesday.

Est-ce que vous allez souvent au cinéma? – Do you often go to the cinema?
Je vais au cinéma une fois par semaine/chaque week-end/de temps en temps/quand j'ai de l'argent. – I go to the cinema once a week/every weekend/from time to time/when I have money.
J'aime aller au cinéma avec mes copains/mon frère/mon petit ami. – I like to go to the cinema with my friends/my brother/my boyfriend.
Quand je veux me détendre je sors au cinéma. – When I want to relax I go to the cinema.
Je préfère les films d'amour/de guerre/d'épouvante. – I prefer romance/war/horror films.

Est-ce que vous regardez souvent la télévision? – Do you often watch TV?
Je regarde la télé tous les soirs/deux heures par jour/seulement le week-end. – I watch TV every evening/two hours a day/only at the weekend.
Je regarde très rarement la télé, je n'ai pas le temps. – I watch television very rarely, I don't have time.
J'aime surtout les feuilletons/les dessins animés. – I especially like soaps/cartoons.
Je préfère les documentaires/les actualités. – I prefer documentaries/news.
Je trouve les programmes sur les animaux/les émissions de sports très intéressant(e)s. – I find programmes about animals/sports very interesting.

Est-ce que vous aimez la lecture? – Do you like reading?
Je lis constamment/de temps en temps/quand je suis en vacances. – I read all the time/from time to time/when I am on holidays.
Je lis au lit avant de m'endormir. – I read in bed before going to sleep.
Je ne lis jamais, je préfère la musique. – I never read, I prefer music.
J'aime les romans d'amour/les romans policiers/les romans d'aventure/ les bandes dessinées/la science-fiction. – I like romance/detective/ adventure novels/comic strips/science fiction.
J'adore les articles sur le sport/la politique/la mode/des célébrités. – I love articles about sport/politics/fashion/celebrities.

Quel est le meilleur film/livre que vous avez jamais vu/lu? – What is the best film/book that you have ever seen/read?
Le film/livre s'appelle . . . – The film/book is called . . .
Il s'agit de . . . – It is about . . .
L'action du film se passe . . . – The film is set in . . .
L'histoire est triste/intéressante/drôle. – The story is sad/interesting/funny.
C'est un film américain/anglais/irlandais. – It's an American/English/Irish film.
C'était écrit/réalisé par . . . – It was written/directed by . . .

Le Sport

Est-ce que vous vous intéressez au sport? – Are you interested in sport?
Oui, je suis très sportif/sportive. – Yes, I am very sporty.
Non, pas vraiment, je suis un peu paresseux/paresseuse. – No, not really, I am a bit lazy.
Je fais du sport deux fois par semaine/chaque week-end. – I do sport twice a week/every weekend.

Je m'entraîne tous les jeudis. – I train every Thursday.
Je joue au sport pendant mes moments de loisir. – I play sport during my free time.

Quels sports pratiquez-vous? – What sports do you do?
J'aime faire du cyclisme/ski/jogging. – I like to do cycling/skiing/jogging.
J'aime faire de la natation/de l'équitation. – I like to do swimming/horse-riding.
J'aime jouer au football/tennis/hockey. – I like to play football/tennis/hockey.
Quand il fait beau je fais une promenade. – When the weather is nice I go for a walk.
Je n'aime pas tellement le sport, je préfère la musique. – I don't really like sport, I prefer music.

Faites-vous du sport à l'école? – Do you do sport in school?
Nous avons un cours d'éducation physique chaque semaine. – We have one PE class every week.
Je fais partie de l'équipe de l'école. – I am on the school team.
Nous avons un gymnase. – We have a gym.
Il y a deux courts de tennis. – There are two tennis courts.
Nous nous entraînons sur le terrain de sport. – We train on the sports field.

Quel est votre sport préféré et pourquoi? – Which is your favourite sport and why?
Mon sport préféré c'est le/la . . . – My favourite sport is . . .
J'aime surtout le/la . . . – I especially like . . .
C'est un sport d'équipe/un sport individuel. – It's a team sport/an individual sport.
C'est thérapeutique/passionnant. – It's therapeutic/exciting.
Je fais du ski/joue au tennis depuis l'âge de dix ans. – I have been skiing/playing tennis since the age of ten.

Quels sont les avantages et les désavantages du sport pour quelqu'un de votre âge? – What are the advantages and disadvantages of sport for someone of your age?
On garde la ligne. On apprend la maîtrise de soi. – You keep your figure. You learn self-control.

C'est bon pour la santé/pour le cœur et les poumons. – It's good for your health/for your heart and your lungs.
C'est un moyen de se tenir en forme/de se défouler. – It's a good way of keeping fit/of letting go.
C'est une grande industrie. – It's a big industry.
Il faut savoir gagner et perdre. – You have to know how to win and lose.
Il y a trop de concurrence/pression sur les jeunes. – There is too much competition/pressure on young people.

Une Journée Typique

Décrivez une journée typique pour vous. – Describe a typical day for you.
En général je me lève à sept heures et demie. – Normally I get up at half past seven.
Ensuite je me lave et je m'habille. – Then I wash and dress myself.
Je quitte la maison pour aller à l'école vers huit heures et demie. – I leave the house to go to school at around half past eight.
Ma mère m'emmène en voiture. – My mother drives me.
Les cours commencent à neuf heures et finissent à trois heures et demie. – The classes start at nine and finish at half past three.
Nous avons une petite récré à onze heures et à midi et demi nous déjeunons à la cantine. – We have a small break at eleven and at half past twelve we have lunch in the canteen.
Je rentre à la maison vers quatre heures. – I return home at around four o'clock.

Après les cours qu'est-ce que vous faites? – What do you do after school?
Quand j'arrive à la maison j'ai toujours faim, alors je mange quelques biscuits. – When I arrive home I am always hungry so I eat a few biscuits.
J'ai l'entraînement avec mon équipe de basket. – I have training with my basketball team.
Je fais trois heures d'études surveillées à l'école. – I have three hours of supervised study in school.
J'ai toujours beaucoup de devoirs à faire. – I always have lots of homework to do.
Je passe au moins trois heures à faire mes devoirs. – I spend at least three hours doing my homework.
Nous mangeons vers six heures. – We eat at around six o'clock.

Qu'est-ce que vous mangez normalement chez vous? What would you normally eat at home?
En général nous mangeons de la viande/des légumes/des pommes de terre/des pâtes. – Normally we eat meat/vegetables/potatoes/pasta.
Pour le petit déjeuner, je prends du pain/des céréales. – For breakfast I have bread/cereal.
À la cantine je préfère manger un repas chaud/un sandwich. – In the canteen I prefer to eat a hot meal/a sandwich.
Le soir je mange un grand repas, une entrée, un plat principal et pour finir un dessert, par exemple un fruit ou du fromage. – In the evening I eat a large meal, a starter, a main course and to finish a dessert, for example fruit or some cheese.
Mon repas préféré c'est du poulet avec des frites et de la salade – My favourite meal is chicken with chips and salad.
Je suis végétarien/végétarienne, j'aime manger beaucoup de légumes. – I am a vegetarian, I like to eat lots of vegetables.

À quelle heure est-ce que vous vous couchez? – At what time do you go to bed?
Normalement je me couche vers onze heures. – Normally I go to bed around eleven.
Je lis pendant une heure avant de m'endormir. – I read for an hour before going to sleep.
J'aime écouter la radio pour me détendre. – I like to listen to the radio to relax.
Je suis toujours épuisé(e) le soir. – I am always exhausted in the evening.

Mes Amis

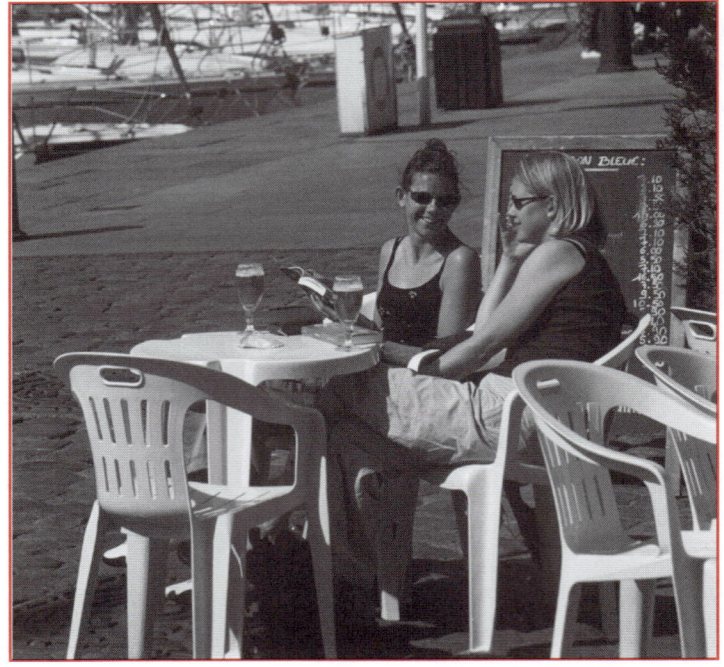

Décrivez votre meilleur(e) ami(e). – Describe your best friend.
Mon/ma meilleur(e) ami(e) s'appelle . . . – My best friend is called . . .
Je le/la connais depuis dix ans. – I have known him/her for ten years.
Mon petit ami/ma petite amie s'appelle . . . – My boyfriend/girlfriend is called . . .
Il/elle a dix-huit ans comme moi. – He/she is eighteen like me.
Nous sommes dans la même classe à l'école. – We are in the same year in school.
Nous sortons ensemble depuis huit mois. – We have been going out for eight months.
Je l'ai rencontré(e) à une boum. – I met him/her at a party.
Il/elle a les cheveux bruns et les yeux bleus. – He/she has brown hair and blue eyes.
Il est très grand et mince. – He is very tall and thin.
Elle est petite et très jolie. – She is small and very pretty.

Comment est sa personnalité? – What's his/her personality like?
Il est bavard et sociable. – He is talkative and outgoing.
Elle est compréhensive et un peu timide. – She is understanding and a little shy.
Il est toujours de bonne humeur. – He is always in a good mood.
Elle est gentille et intelligente. – She is kind and intelligent.
Nous nous entendons très bien ensemble. – We get on very well together.

Quels sont ses passe-temps? – What are his/her pastimes?
Il/elle adore faire du sport. – He/she loves sport.
Il/elle aime bien la lecture. – He/she loves reading.
Il/elle est très doué(e) pour la musique. – He/she is very talented at music.
Il/elle aime sortir avec moi le week-end. – He/she likes to go out with me at the weekend.

Le Petit Boulot et l'Argent de Poche

Qu'est-ce que vous faites pour gagner de l'argent de poche? – What do you do to earn your pocket money?

Je fais le ménage / la cuisine / le jardinage / la vaisselle. – I do the housework/cooking/gardening/dishes.
Je garde les enfants de nos voisins. – I mind our neighbours' children.
Le jeudi matin, je sors les poubelles. – On Thursday mornings, I put the bins out.
Je lave la voiture de mes parents tous les week-ends. – I wash my parents' car every weekend.
Je dois ranger ma chambre. – I have to tidy my bedroom.

Est-ce que vous avez d'autres sources de revenue à part votre argent de poche? – Do you have any other sources of income apart from your pocket money?
J'ai un petit emploi le week-end / le soir / pendant les grandes vacances. – I have a part-time job at the weekend/in the evening/during the summer holidays.
Je travaille à mi-temps / quatre heures par jour. – I work part-time/four hours a day.
Je fais des petits travaux / du baby-sitting pour les voisins. – I do small jobs/babysitting for neighbours.
J'ai un petit boulot dans un magasin / dans un café / dans un restaurant. – I have a small job in a shop/a café/a restaurant.
Je sers les clients. – I serve the customers.
Je gagne dix euros par heure. – I earn ten euros per hour.
Je n'ai pas de petit boulot en ce moment. – I don't have a part-time job at the moment.
Je me consacre à mes études. – I am concentrating on my studies.

Comment est-ce que vous dépensez votre argent de poche? – How do you spend your pocket money?
Je sors le week-end, je vais au cinéma / au café. – I go out at the weekend, I go to the cinema/to a café.
J'achète des disques / des vêtements / des magazines. – I buy CDs/clothes/magazines.
En ce moment je fais des économies. – At the moment I am saving.
Je dépose de l'argent dans mon compte bancaire. – I put money into my bank account.
Je n'ai jamais assez d'argent pour tous mes besoins. – I never have enough money for all my needs.
Je suis toujours fauché(e). – I am always broke.

Le Week-end

Qu'est-ce que vous faites le week-end? – What do you do at the weekend?
Le week-end, j'aime sortir avec mes amis. – At the weekend I like to go out with my friends.
Vendredi soir je me repose, je suis toujours très fatiguée après une semaine à l'école. – On Friday evening I relax, I am always tired after a week in school.
Le samedi, nous allons en ville, faire des courses. – On Saturday we go into town, to shop.
Nous jouons au foot dans le parc. – We play football in the park.
J'aime écouter de la musique ou jouer de ma guitare. – I like to listen to music or to play my guitar.
J'ai un petit boulot le samedi. – I have a part-time job on Saturdays.
Le samedi soir, je sors avec mon petit ami/ma petite amie. – On Saturday evenings I go out with my boyfriend/my girlfriend.

Où est-ce que vous sortez normalement? – Where do you normally go out?
Nous sortons au bistro ou en boîte. – We go out to the pub or to a club.
On danse, on bavarde et on flirte avec les garçons/les filles. – We dance, chat and flirt with the boys/girls.
Parfois je vais au cinéma ou chez un/une ami(e) pour regarder une vidéo. – Sometimes I go to the cinema or to a friend's house to watch a video.
Parfois il y a une boum chez un ami. – Sometimes there is a party in a friend's house.
Je ne bois pas beaucoup, une ou deux bières seulement. – I don't drink a lot, only one or two beers.

Que faites-vous le dimanche? – What do you do on Sundays?
Le dimanche matin je fais la grasse matinée. – On Sunday morning I have a lie-in.
Je vais à la messe avec ma famille. – I go to mass with my family.
Nous mangeons un grand repas en famille. – We have a big meal together.
Le dimanche après-midi je fais mes devoirs. – On Sunday afternoon I do my homework.
Parfois je fais une longue promenade avec ma mère ou mon père. – Sometimes I go for a long walk with my mother or father.
Je regarde un film à la télé. – I watch a film on television.

Les Vacances

Qu'est-ce que tu as fait l'été dernier pour les grandes vacances? – What did you do last summer for the summer holidays?
Je suis allé(e) à l'étranger/resté(e) chez moi. – I went abroad/stayed at home.
J'ai fait un stage d'été/travaillé/rendu visite à mes grand-parents/passé quelques jours chez mon ami. – I did a summer course/worked/visited my grandparents/spent a few days at my friend's house.
Je me suis amusé(e) avec des amis. – I had a great time with my friends.

Comment est-ce que vous vous êtes amusé(e)(s)? – How did you enjoy yourself?
Nous avons loué des vélos et fait un tour de la région. – We rented bikes and cycled around the area.
Je suis allé(e) à la plage et j'ai nagé et fait de la voile. – I went to the beach and I swam and sailed.
Nous sommes sortis tous les soirs au restaurant/en boîte. – We went out every evening to a restaurant/to a club.
Je me suis fait beaucoup d'amis. – I made lots of friends.
Nous avons visité beaucoup de musées. – We visited lots of museums.

Cet été qu'est-ce que tu voudrais faire? – This summer what would you like to do?
Je voudrais partir avec des amis/rester dans des auberges de jeunesse. – I would like to head off with my friends/stay in youth hostels.
Je ne sais pas encore. – I don't know yet.
Ça dépend de mes parents/de l'argent dont je dispose. – It depends on my parents/on how much money I have.
J'aimerais faire un échange/un stage de langues/de sport. – I would like to do an exchange/a language course/a sports course.

Est-ce que tu es déjà parti à l'étranger? Si oui, décris le pays. – Have you already been abroad? If yes, describe the country.
Non, je ne suis jamais allé(e) à l'étranger. – No, I have never gone abroad.
J'ai fait un échange, la famille était accueillante mais je n'ai pas aimé la nourriture et j'avais le mal du pays. – I did an exchange, the family were welcoming but I didn't like the food and I was homesick.
Oui, il y a deux ans je suis allé(e) en Angleterre/France/Espagne/aux États-Unis. – Yes, two years ago I went to England/France/Spain/the United States.
Il y a beaucoup à faire et à voir. – There is lots to do and to see.
C'est une région touristique/historique/agricole/pittoresque/montagneuse. – It's a tourist/historical/agricultural/picturesque/mountainous region.
Il y a beaucoup de soleil/de pluie/de vent. – There is lots of sun/rain/wind.

Les vacances idéales qu'est-ce que c'est pour vous? – What is your ideal holiday?
– *des vacances au bord de la mer* – holidays by the sea
– *des vacances pleines d'activités sportives* – holidays full of sporting activities
– *des vacances dans un pays tropical* – holidays in a tropical country
– *manger et dormir/danser toute la nuit/rencontrer de nouveaux amis* – eating and sleeping/dancing all night/meeting new friends
– *se faire bronzer, allongé(e) sur une plage* – getting tanned, stretched out on a beach.

L'Année Prochaine

Qu'est-ce que vous voulez faire l'année prochaine? What do you want to do next year?

Je voudrais être . . . – I would like to be . . .

J'espère devenir . . . – I hope to become . . .

L'année prochaine je voudrais aller à l'université. – Next year I would like to go to university.

Je voudrais faire des études de science. – I would like to study science.

Ça dépend de mes résultats au bac. – It depends on my results in the Leaving Cert.

Je vais chercher un travail. – I am going to look for a job.

Je voudrais faire un diplôme dans l'informatique. – I would like to do a diploma in computer studies.

J'aimerais voyager pendant un an. – I would like to travel for a year.

Je ne sais pas exactement. – I don't know exactly.

C'est une question difficile. – It's a difficult question.

Il faut avoir beaucoup de points / continuer des études / passer une entrevue. – You have to have a lot of points/continue your studies/do an interview.

Je vais faire un stage / un apprentissage. – I am going to do a course/an apprenticeship.

Pourquoi est-ce que vous voudriez faire ça? – Why do you want to do that?
J'adore la vie en plein air. – I love the outdoor life.
Le conseiller d'orientation professionnelle m'a conseillé d'étudier . . . – The career guidance teacher advised me to study . . .
Je n'aime pas vraiment l'école et je ne veux pas continuer mes études. – I don't really like school and I don't want to continue my studies.
Le travail d'ingénieur m'intéresse beaucoup. – The work of an engineer really interests me.
J'adore les enfants. – I love children.
Le dessin est ma matière préférée à l'école. – Art is my favourite subject in school.
Je suis fort en maths et je m'intéresse à la science. – I am good at maths and I am interested in science.
J'aime ce genre de travail. – I like this type of work.
C'est un travail satisfaisant. – It is very satisfying work.
Ce métier est bien récompensé. – This job is well paid.
On a quatre semaines de congés payés. – You get four weeks' paid leave.
J'ai les capacités qu'il faut. – I have what it takes.

Décrivez un peu le travail. – Describe the work.
On travaille dans un bureau/un chantier/une école/un magasin. – You work in an office/on a building site/in a school/in a shop.
On travaille avec des chiffres/des enfants/des animaux. – You work with numbers/children/animals.
On doit servir/nettoyer/ranger/vendre/s'occuper de . . . – You have to serve/clean/tidy up/sell/look after . . .
On s'occupe des animaux malades. – You look after sick animals.
Les heures sont très longues mais c'est bien payé. – The hours are very long but it is well paid.
On voyage partout dans le monde. – You travel all over the world.
Il faut avoir beaucoup de patience. – You need to have a lot of patience.

Qu'est-ce qu'il faut faire pour devenir . . . ? What do you have to do to become a . . . ?
Il faut passer quatre ans à l'université – You have to spend four years in university.
L'année dernière il fallait obtenir quatre cents points. – Last year you needed to get four hundred points.

Il y a une entrevue et on doit préparer un portfolio. – There is an interview and you have to prepare a portfolio.
Il faut travailler dur. – You have to work hard.

Le Document

Should I bring a document?

I would strongly advise you to bring a document. First, in the rest of the oral exam you can never be sure what the examiner may ask you but at least with the document you can choose the topic of conversation. Secondly, assuming you have prepared your document well, you will be able to talk about it fluently and your pronunciation will be good, thereby earning you more marks. Finally, if you take the time to pick an interesting and original document, discussing it with your examiner could take three or four minutes, minutes where you are talking about a topic you have chosen rather than the examiner. There are no separate marks for the document. What you say is marked as part of your overall performance.

What kind of document should I choose?

The following are some options for the document:
- an article/cutting from a French newspaper or magazine
- a photo
- a project you have done in French
- a French novel or a poem
- a picture
- a French advertisement, e.g. for a film.

When deciding what option to choose for your document take a little time to think about your life. The document can reflect a current issue such as famine, pollution, homelessness, etc., but I feel that particularly at Ordinary Level it is better to choose an article that reflects something you are particularly interested in. Some suggestions would be an unusual hobby you have, an interesting place you have visited, a picture you have drawn, a photo of a good friend, a school activity, e.g. a Transistion Year play, work experience or a charity fundraiser. As an examiner I find that if you decide to talk about sport or music, e.g. your favourite football team or favourite group, make sure you have an interesting angle on it. The same can be said for the debs' ball or your holidays last summer; what you say to the examiner doesn't have to be elaborate but make sure it is interesting.

Please note:
- There should be no English on the document.
- You cannot bring in an object, such as your tennis racket. A simple way of getting around this is to take a photo of the object you want to talk about.
- It is advisable to give your document to the examiner as soon as you are seated so that it won't be forgotten.

Typical Questions

Avez-vous un document? – Do you have a document?
Oui, j'ai un article de journal/un roman/une photo/une image, le/la voilà. – Yes, I've a newspaper article/a novel/a photo/a picture, here it is.
Pourquoi avez-vous choisi cet article/ce roman/cette photo/cette image? – Why have you chosen this article/novel/photo/picture?
Je l'ai choisi(e) parce que . . . – I chose it because . . .

Des Photos et des Images

Qui est sur cette photo? – Who is in this photo?
Décrivez votre photo. – Describe your photo.
Où l'avez-vous prise? – Where did you take it?
Qu'est-ce qui se passe dans cette image? – What is happening in this picture?

Des Articles

De quoi s'agit-il, cet article? – What is this article about?
Où est-ce que vous l'avez trouvé? – Where did you find it?
Vous lisez régulièrement ce journal/magazine? – Do you read this newspaper/magazine often?
Qui a écrit cet article? – Who wrote this article?
Pourquoi vous intéressez-vous à ce sujet? – Why are you interested in this subject?

Des Romans

Qui a écrit ce roman? – Who wrote this novel?
L'action du roman, où est-ce que ça se passe? – Where does the action of the novel take place?
Vous aimez la lecture? – Do you like reading?
Lequel des personnages vous a intéressé le plus? – Which of the characters interested you the most?
Pourquoi avez-vous aimé ce roman? – Why did you like this book?
De quoi s'agit-il, ce roman? – What is this novel about?
Quel est le meilleur roman que vous avez jamais lu? – What is the best book you have ever read?

2. READING COMPREHENSION

Percentage = 40%
Marks = 160 (4 × 40)
Time = 1 hour 45 (20 + 20 + 30 + 30 + 5 min check)

Introduction

The reading comprehension section of the exam is worth the most marks in your exam (40%). Lots of practice is what is needed if you are to score well in this section. There are normally four comprehensions but occasionally you can have two short comprehensions as one question. You answer all the questions on the first two comprehensions in English and you answer all of the questions, except the last one, on the last two comprehensions, in French. I recommend, therefore, that you spend twenty minutes on comprehension 1 and 2 and thirty minutes on comprehensions 3 and 4. Each comprehension is worth forty marks and usually has ten questions/parts to it, with each being given four marks.

The key to doing well is to be familiar with the type of texts that may appear and the type of questions you will be asked. The comprehensions include a variety of texts, e.g. brochures, letters, newspaper and magazine articles, recipes, short stories, poems and literary extracts. You can be asked a wide range of comprehension questions and you can also be asked to identify elements of grammar, to summarise the passage on a grid or to match titles to different paragraphs of the comprehension.

Tips for answering comprehensions:
1. Read the questions first so that you get an idea what the passage is about and so that you know what you need to concentrate on. The questions will also

give you information about the text before you even read it. Next read question one again and then paragraph one, then question two and paragraph two and so on. In the comprehension the paragraphs are numbered and the questions usually follow the sequence of the text, so if you break down the passage in this way it means that you are reading much smaller chunks, which is easier than reading the whole passage at once. Finally read the whole comprehension once more to get an overview which will help you particularly with the final question in comprehension 3 and 4 (the personal opinion question which is answered in English).

2. Know what you are being asked to do:
   Trouvez dans la première section . . . – Find in the first section . . .
   Relevez dans la deuxième section . . . – Take out (find) in the second section . . .
   Citez dans la troisième section . . . – Quote in the third section . . .
   Selon / D'après la quatrième section . . . – According to the fourth section . . .
   Remplissez la grille suivante . . . – Fill in the following grid . . .
   Trouvez l'adjectif qui décrit / qualifie . . . – Find the adjective that describes . . .
   Nommez . . . – Name . . .

3. Know how much is needed for your answer:
   un mot – a word
   une expression – a phrase (part of a sentence, usually broken by punctuation, e.g. **Hier soir, je suis allé à la piscine municipale, et j'ai beaucoup nagé**.)
   une phrase – a sentence
   un détail – a detail (usually a few words)
   un exemple de – one example of
   qui montre que – which shows that
   qui indique que – which indicates that
   qui révèle que – which reveals that

4. Be careful not to give more than you are asked for because this will lose you marks, only write what is relevant. If you are asked to '*Citez*', '*Trouvez*' or '*Relevez*' you only need to transcribe the necessary words, phrase or example from the text.

5. Be familiar with the following question words:
   quand (when)

>   ***comment*** (how)
>   ***où*** (where)
>   ***pourquoi*** (why)
>   ***combien de*** (how many)
>   ***qui*** (who)
>   ***qu'est-ce que*** (what)

6. Be aware of when you need to change the text for your answer, e.g. Marie, the narrator, says: '*J'étais contente.*' In this case if you are asked, 'How did Marie feel?' remember to change the verb to say she felt happy: '*Elle était contente.*'
7. Remember if the question is asked in English answer it in English, if it is asked in French answer it in French.
8. There is very often a grammar question in comprehension 3 or 4. You are typically asked to find a verb in the present ('*Trouvez un verbe au présent de l'indicatif*') or find a feminine adjective ('*Trouvez un adjectif féminin*'). To score well you need to be familiar with the French grammar terms. It is essential that you revise the grammar in section five of this book if you want to score well in your comprehensions. However, the following is a quick guide to recognising different elements of grammar that you may be asked to find.

Grammar Guidelines

Adjectif

An adjective describes a noun. Therefore you are looking for words like colours, big, small. When asked for adjectives of a specific gender, look for adjectives ending in 'e'. It doesn't automatically mean it is feminine but it often will be.

Adjectif possessif

This is a possessive adjective, e.g. my (*mon, ma, mes*), your (*ton, ta, tes*), his/her (*son, sa, ses*), our (*notre, nos*), your (*votre, vos*), their (*leur, leurs*).

Adverbe

An adverb describes a verb. Most adverbs in French end in '*ment*', e.g. '*lentement*', just as most adverbs in English end in 'ly', e.g. 'slowly'. Be careful of irregular adverbs, e.g. '*bien, mal, vite*', that don't end in '*ment*', and of words that end in '*ment*' but are not adverbs, e.g. '*un sentiment*'.

Affirmatif

This is the opposite of negative. A sentence is affirmative when it makes a positive statement, e.g. *'elle a un chien'* (she has a dog), *'il joue au tennis'* (he plays tennis).

Conditionnel

This is the conditional tense. It translates as 'would', e.g. I would go. Look for verbs that end in -rais, -rais, -rait, -rions, -riez, -raient.

Conjonction

A conjunction joins words or phrases together, e.g. *'et'* (and), *'mais'* (but), *'ou'* (or).

Futur simple

This is the future tense, it translates as 'will', e.g. I will go. Look for verbs that end in -ai, -as, -a, -ons, -ez, -ont. The letter 'r' will always come before these endings.

Futur proche

Do not confuse this with the *Futur Simple*. The *Futur Proche* uses the present tense of *'aller'* and translates as 'going to', e.g. I am going to go. Look for the present tense of *'aller'* and an infinitive, e.g. *'je vais manger'* (I am going to eat).

Imparfait

This is the imperfect tense. It describes things in the past or tells us what someone used to do. Look for verbs that end in -ais, -ais, -ait, -ions, -iez, -aient. Be careful not to confuse these verbs with the conditional verbs which have the same endings but have an 'r' in front e.g. *je mangeais* = imperfect, *je mangerais* = conditional.

Infinitif

This is the infinitive or the whole verb, the form of the verb which you would find in a dictionary, i.e. to eat, to speak, to do, etc. Look for verbs that end in 'er', 'ir' or 're', e.g. *'manger, finir, vendre'*, as these are the three types of infinitive for regular verbs in French.

Interrogatif

This means a question. You will be looking for words such as '*qui*' (who), '*quand*' (where), '*comment*' (how), '*pourquoi*' (why), and at the end of the phrase there should be a question mark.

Nom

A '*nom*' is a noun. A noun is the name of a person, place or thing. If a noun has '*le*' or '*un*' in front of it, it is masculine (*masculin*), if it has '*la*' or '*une*' in front of it, it is feminine (*féminin*). Nouns can be singular (*singulier*) or plural (*pluriel*). Plural nouns will have '*les*' or '*des*' in front of them and will usually end in 's'.

Négatif

This is a negative. In French the negative is composed of two parts. The first word you are looking for is '*ne*' and the second word will vary depending on the meaning, e.g. '*je ne joue pas*' (I do not play), ne . . . *jamais* (never), ne . . . *rien* (nothing), ne . . . *que* (only), ne . . . *plus* (no longer).

Participe présent

This is a present participle. In English present participles end in 'ing', e.g. eating, jumping. In French they end in '*ant*', so look for a word that ends in '*ant*' and means 'ing'. Watch out also for words that end in '*ant*' but are not present participles, e.g. '*cependant*' (however), '*maintenant*' (now) and '*pendant*' (during).

Passé Composé

This is the past tense and in French it is composed of two parts, an auxiliary verb ('*avoir*' or '*être*') and a past participle. Look for '*avoir*' or '*être*' in the present tense followed by a past participle (most past participles will end in 'é', 'i', or 'u'), e.g. '*tu est allé*', '*il a vu*'.

Préposition

A preposition tells you about the position of someone or something, e.g. '*avec*' (with), '*devant*' (in front of), '*sous*' (under).

Présent de l'indicatif

Do not let this phrase confuse you. This simply means a present tense verb. Remember as with all verbs you do not need to give the person, only the verb, e.g. *'il mange'*. You only need to write *'mange'*.

Pronom

A pronoun is a word that is used instead of a noun, e.g. he, she, it, them. There are many different types of pronoun depending on what type of noun is being replaced, e.g. *'je, tu'*, etc. are all personal pronouns (pronoms personnels).

Sujet

The *'sujet'* means the subject of the verb. The subject of the verb is the person or thing performing the action or being described. In the sentence *'Jean joue au tennis'*, the subject is 'Jean' because it is Jean who is playing tennis.

Verbe

Every sentence contains at least one verb. Most verbs express actions. Verbs in French have different endings and forms depending on the person (I, you, he, etc.) and the tense (past, present, future, etc.).

Verbe pronominal

This is a reflexive verb. Look for a verb that has *'me'*, *'te'*, *'se/s'*, *'nous'* or *'vous'* before it, e.g. *'je me lave'*, *'nous nous couchons'*.

Past papers

2003

1. This is an article on part-time jobs for students.

BONS PLANS: Comment Arrondir ses Fins de Mois

Bosser en même temps qu'on étudie, ce n'est pas toujours facile... mais parfois nécessaire. Voici les secteurs qui recrutent.

1. RESTAURATION, FAST FOOD
- **Principe:** servir des frites et des hamburgers ou décongeler des steaks en cuisine.
- **Conseil:** Ici, il faut travailler dur. Il y a très peu de repos.
- **Rémunération:** 4€ brut de l'heure.
- **Contact:** présentez-vous au Quick ou au McDo de votre secteur avec un CV et votre carte d'identité. Vous pouvez également vous adresser à la Fédération Nationale de l'Industrie Hôtelière (01.53.00.14.14).

2. TÉLÉSERVICES
- **Principe:** un casque de téléphone sur la tête et les yeux rivés sur un ordinateur, vous faites de la vente de cuisines, de l'information pour un nouveau service, de la vente de billets d'avions.
- **Conseil:** ce secteur est en changement. On doit être aimable, patient et poli. Il faut aussi avoir une solide spécialisation dans un secteur et être disponible le soir et les week-ends.
- **Rémunération:** 4€ brut de l'heure.
- **Contact:** Syndicat du Marketing Téléphonique (08.36.68.68.72).

3. SURVEILLANT D'ÉCOLE (PION)
- **Principe:** on surveille les études du soir, la sortie d'un collège ou d'un lycée, etc.
- **Conseil:** si vous voulez être pion à Paris, les inscriptions se font du 1er février au 15 mars, pour un poste à la rentrée suivante. Des expériences d'animation sont indispensables.
- **Rémunération:** 975,67€ net pour vingt-huit heures par mois; 487,53€ net pour quatorze heures.
- **Contact:** inscriptions par Minitel.

4. BABY-SITTER
- **Principe:** on garde des enfants tant qu'ils ne sont pas indépendants. On peut aussi aller les chercher à l'école et s'en occuper jusqu'au retour des parents.
- **Conseil:** l'âge minimum légal pour faire du baby-sitting est de seize ans, avec l'autorisation parentale. Cependant, pour les gardes régulières, les parents préfèrent parfois les jeunes plus âgés. Les garçons aussi ont leur chance, contrairement aux idées reçues.
- **Rémunération:** 6,09€ à 7,62€ de l'heure.
- **Contact:** consultez les petites annonces dans la presse locale. À consulter aussi *www.youpala.com*, le seul site de la France entière où parents et baby-sitters s'inscrivent.

ANSWER IN ENGLISH

1. Name **one** task someone might undertake if working in a fast food restaurant. (**Section 1**)
   ....

2. Give **one** way of applying for a job in a fast food restaurant. (**Section 1**)
   ....

3. Apart from headphones, what other piece of equipment is required for work in tele-services? (**Section 2**)
   ....

4. Name **one** personal quality required in those applying for work in tele-services. (**Section 2**)
   ....

5. Describe **two** duties of the school supervisor (pion). (**Section 3**)
   (a) ....
   (b) ....

6. What is the rate of pay for 28 hours' work? (**Section 3**)
   ....

7. What else might a baby-sitter be expected to do apart from minding the children? (**Section 4**)
   ....

8. From what age is it legal to work as a baby-sitter in France? (**Section 4**)
   ....

9. Name **one** place where baby-sitting jobs are advertised. (**Section 4**)
   ....

2. Monsieur Durable is very concerned about the environment. This article describes his daily routine.

La Journée Idéale de Monsieur Durable

1.

7:30 Sa journée commence. Il se lève. Il file à la douche. Prise en quelques minutes, elle nécessite cinq fois moins d'eau qu'un bain. En fermant le robinet quand il se lave les dents (manuellement), il économise quinze litres d'eau.

8:30 M. Durable laisse sa voiture au garage et choisit les transports en commun. Il prend son vélo quand il fait beau.

2.

9:15 Au bureau il pense à utiliser les deux faces du papier pour ses photocopies. Il a appris que le papier, qui vient des forêts, constitue 80% des déchets produits par une administration.

12:30 Il va faire ses courses muni d'un sac en tissu, ce qui évite les sacs en plastique. M. Durable aime acheter ses fruits et son fromage au marché; il refuse d'acheter des produits importés qu'on doit transporter en avion, car l'avion endommage l'environnement.

3.

15:30 Petite pause. M. Durable sort du bureau prendre l'air. Il regarde autour de lui. Que la rue est sale! Il ne veut pas être comme les autres – il ne jette pas son chewing-gum par terre. Le chewing-gum ne disparaît jamais.

20:30 M. Durable vient de dîner. Heureusement qu'il a un lave-vaisselle. Il peut y mettre tous les couverts de la journée, ceux du petit déjeuner et ceux du dîner. Il met la machine en marche une fois par jour; il sait qu'une machine pleine consomme beaucoup moins d'eau.

4.

22:30 Le film du soir est terminé. M. Durable pense à éteindre complètement son téléviseur, ainsi que tous les appareils en veille comme le magnétoscope et la chaîne hi-fi.

23:00 Il éteint sa lampe de chevet, dont l'ampoule basse consommation durera six fois plus longtemps qu'une ampoule classique. Ouf! Il peut dormir du sommeil du juste, en paix avec la Terre.

ANSWER IN ENGLISH

1. How much water does M. Durable save by turning off the tap when washing his teeth? (**Section 1**)
   ....

2. How does M. Durable travel to work in fine weather? (**Section 1**)
   ....

3. What makes up 80% of office waste? (**Section 2**)
   ....

4. Name **TWO** items M. Durable buys at the market. (**Section 2**)
   (a) ....
   (b) ....

5. What does he notice about the street? (**Section 3**)
   ....

6. How often does M. Durable use his dishwasher? (**Section 3**)
   ....

7. Name **TWO** machines M. Durable switches off at the end of the evening. (**Section 4**)
   (a) ....
   (b) ....

8. M. Durable falls asleep at peace with (**Section 4**):
   (a) his boss.
   (b) his neighbours.
   (c) the Earth.
   (d) his family.

3. This is an article from the French magazine *Too Much* (October 2001) about Sarah Michelle Gellar.

'Oui, je vais épouser Freddie!'

Sarah n'arrête donc jamais? Après avoir fini le tournage de *Scoubidou* en Australie, elle a repris le chemin des plateaux de *Buffy* à Los Angeles.

Plus proche que jamais de Freddie, elle nous fait quelques confidences sur leur amour, leur mariage et elle nous parle aussi de ses complexes et dément certaines rumeurs.

1. Scoubidou: un tournage paradisiaque!
'Le tournage de *Scoubidou* en Australie a été l'un des plus beaux moments de ma vie. C'était très prenant, mais Sydney est une ville superbe où je n'aurais aucun mal à vivre plus longtemps.

Et le fait de tourner avec Freddie m'a encore rapprochée de lui. Toutes ces semaines en Australie m'ont laissé un goût de paradis!'

2. Fatiguée de Buffy?
'Dans la tête des gens je suis Buffy et rien d'autre. Et l'on ne se rend pas compte à quel point il est difficile de sortir d'un tel personnage! Alors j'essaie petit à petit de montrer que je peux jouer d'autres rôles. C'est bien de changer de registre. Il faudrait arriver à pouvoir jouer plein de personnages différents.'

3. Harvard Story: elle casse son image!
'Je suis sans doute plus proche de Buffy que de Cindy Bandolini, le personnage que j'incarne dans *Harvard Story*, même si je n'ai pas de pouvoirs surnaturels.

Mais cela m'a fait énormément de plaisir de changer de registre. J'en avais vraiment besoin pour casser un peu mon image de jeune fille modèle!'

4. Son mariage avec Freddie
'Je préfère ne plus trop parler de ma vie privée pour protéger notre amour. J'ai trouvé mon équilibre avec lui et c'est une relation très enrichissante. Je ne pensais pas tomber amoureuse d'un acteur, mais c'est un homme droit et sérieux comme je les aime. Nous sommes fiancés et nous allons bientôt nous marier, mais nous ferons ça dans le plus grand secret!'

RÉPONDEZ EN FRANÇAIS AUX QUESTIONS 1 à 5 ET EN ANGLAIS OU EN IRLANDAIS À LA QUESTION 6.

1. (i) Relevez dans la **première** section **une phrase** qui indique que Sarah Michelle Gellar a aimé l'Australie.

    ....
    ....

    (ii) Que pense-t-elle de la ville de Sydney?
    - (a) Elle l'adore.
    - (b) Elle la déteste.
    - (c) Elle ne voudrait pas y habiter.
    - (d) Elle préfère Perth.

2. Citez **deux expressions** de la **deuxième** section qui montrent que Sarah Michelle veut jouer autre chose que le rôle de Buffy.
    (i) ....
    (ii) ....

3. Comment s'appelle le personnage joué par Sarah Michelle Gellar dans *Harvard Story*? (**Section 3**)

    ....

4. Trouvez dans la **troisième** section **un verbe à l'infinitif**.

    ....

5. (i) Pourquoi ne veut-elle pas parler de sa vie privée? (**Section 4**)

    ....

    (ii) Trouvez dans la **quatrième** section **un mot** qui décrit Freddie, le fiancé de Sarah Michelle.

    ....

6. 'Sarah is happy in her work and in her personal life.' Do you agree? Answer this question in English giving **TWO** points and referring to the text.
    (i) ....
    ....
    (ii) ....
    ....

4. Dans cet extrait l'auteur nous parle de sa jeunesse à Trans, en Bretagne, et de sa vie en pension* à Dinan.

1. Que j'aimais les retours à la maison de mes frères et sœurs. C'était la vraie fête. Ils avaient tous plein d'histoires de dortoirs**, de profs et de toutes sortes d'activités extraordinaires. Nous les petits, on les écoutait bouche bée, on était au spectacle. Nos petites histoires de cours de récréation nous paraissaient tellement ordinaires à côté de leur vie magique à la ville, en pension, avec ses aventures, ses intrigues, ses secrets . . . Je savais que ça allait bientôt être mon tour, je brûlais d'impatience. Je me rêvais pensionnaire. Mais Jacques m'avait dit: 'Tu ne connais pas ton bonheur, ici, à Trans; la pension, . . . tu verras bien, ça va être different.'

2. Et puis je suis devenu pensionnaire, à mon tour. J'ai passé l'examen pour obtenir une bourse, à Saint-Malo. J'avais dix ans et demi. Et, en octobre, à la rentrée, j'ai rejoint Jacques à Dinan, tout excité.

Mais c'est Jacques qui avait raison: dès le premier soir, dans ce grand dortoir aux tristes lits de métal froid, j'ai eu un cafard noir. Pourquoi n'étais-je pas à Trans, dans la cuisine, à lire tranquillement, bien au chaud, avec la famille? Qu'est-ce que je faisais dans cet endroit triste où à part Jacques je ne connaissais personne?

3. 'Faites, Seigneur, que ce soit un rêve, un cauchemar, que je me réveille à Trans, dans la maison, que je parte jouer dans la cour, que je retrouve les poules, les lapins, que j'aille chercher le lait à la ferme avec Bernard et Madeleine, qu'on parte se promener à la forêt . . .' Mais Dieu ne répondait pas à mes prières. Chaque matin je me réveillais dans le dortoir. Avant, j'avais voulu être au pensionnat, comme les grands. Maintenant j'y étais.

Adapté de *Chaque jour est un adieu*. A. Rémond

* pension: scoil chónaithe/boarding school
** dortoir: suanlios/dormitory

RÉPONDEZ EN FRANÇAIS AUX QUESTIONS 1 À 3 ET EN ANGLAIS OU EN IRLANDAIS À LA QUESTION 4.

1. (i) L'auteur est très content quand ses frères et sœurs reviennent de la pension. Trouvez dans la **première** section **une phrase** qui indique son contentement.

   ....

   (ii) Avant d'aller en pension (**première** section) l'auteur pense que la vie y est:
   (a) ennuyeuse.
   (b) formidable.
   (c) sans intérêt.
   (d) solitaire.

   (iii) Retrouvez **une phrase** qui nous montre que l'auteur a vraiment envie d'aller en pension. (**Section 1**)

   ....

2. (i) Que l'auteur a-t-il dû faire pour pouvoir entrer en pension? (**Section 2**).
   ....
   (ii) Quel âge avait-il? (**Section 2**).
   ....
   (iii) Quand est-ce qu'il a commencé ses études à Dinan? (**Section 2**)
   ....

3. L'auteur prie Dieu. Il voudrait être chez lui. Relevez **deux** des activités qu'il voudrait faire à la maison. (**Section 3**)
   (i) ....
   (ii) ....

4. Life in boarding school is very different from how he had imagined it would be. Do you agree? Answer this question in English giving **TWO** points and referring to the text.
   (i) ....
   ....
   (ii) ....
   ....

2002

1. This article offers information on a number of holiday destinations.

Cet été, cap sur les îles... d'Europe

Quand on dit île, on pense palmiers et vahinés. Et pourtant, l'exotisme est à nos portes. *Phosphore* a sélectionné pour vous quatre destinations en Europe. Que des îles!

1. L'Irlande
L'Irlande n'est pas la moins chère des îles européennes, hélas! Nourriture, logement, transports, il faudra prévoir un peu de budget, même avec nos tuyaux. Mais quel dépaysement! Quelle magie dans les paysages... Ne manquez pas la région du Donegal, au nord. Aussi beau que le Connemara mais... beaucoup plus tranquille. Les bons plans : Eurolines vous emmène en car à Dublin (via Londres) pour pas cher. En avion (Paris/Shannon), préférez Aer Lingus. Par bateau, les meilleurs prix en août sont ceux d'Irish Ferries.

Sur place: avec la carte Isic (19€), demi-tarif sur les cars des lignes intérieures.

2. Les Baléares
Pour des vacances garanties avec soleil et pas chères. Chaque île a sa spécialité: Majorque pour les plages, Ibiza pour ses fêtes de plus en plus déjantées et, plus loin, Minorque pour son authenticité. Les auberges de jeunesse sont bon marché. On peut même s'essayer au camping pour des vacances à portée des plus petites bourses.

3. La Dalmatie
Les 600 îles du sud de la Croatie constituent un des paysages les plus fascinants d'Europe. En plus, ce coin de paradis – épargné par le conflit du Kosovo – a besoin des touristes pour reconstruire son économie dévastée par la précédente guerre des Balkans. Les bons plans: Eurolines, pour un voyage en car. Ou la SNCF avec une formule train + bateau, sympa mais plus cher.

4. L'Archipel de Stockholm
Pour ceux qui préfèrent le charme naturel du Nord. Les environs de la capitale suédoise ne comptent pas moins de 24 000 îles! Auberges de jeunesse, camping, Stockholm sait accueillir. Un conseil: ne manquez pas le détour par l'île d'Utö, jeune et dynamique, au sud de l'archipel.

ANSWER IN ENGLISH

1. Some aspects of holidays in Ireland can be expensive. Name **two**. (**Section 1**)
   ....
   ....

2. What is offered to holders of the **Isic** card? (**Section 1**)
   ....
   ....

3. For what is Majorca famous? (**Section 2**)
   ....
   ....

4. Name **two** types of cheap accommodation available on the Balearic Islands. (**Section 2**)
   ....
   ....

5. Why do the Dalmatian Islands need tourists? (**Section 3**)
   ....
   ....

6. What type of ticket is available from the SNCF? (**Section 3**)
   ....
   ....

7. List **two** points about the island of Utö. (**Section 4**)
   ....
   ....

2. This is an advertisement for the Vendée region of France.

À LA DÉCOUVERTE DU HAUT BOCAGE VENDÉEN

La Maison de la Vie Rurale
Cette ferme typique présente la culture rurale du Haut Bocage Vendéen et son environnement à travers des expositions, des animations touristiques et artistiques. À découvrir, l'exposition permanente: «Bocage vendéen, histoire d'un paysage» et le jardin des légumes rares.
Tél. 02 51 57 77 14 La Flocellière

Le Village Vendéen Miniature
Plus de 300 santons représentent les gestes d'autrefois . . . Des maisons, magasins, charrettes, et un Moulin animé . . . tout en miniature! Une visite où vous vous laisserez emporter par le temps et que les enfants ne sont pas prêts d'oublier . . .
Tél. 02 51 65 71 94/02 41 30 22 25 Tiffauges

Le Mont des Alouettes
Visite du moulin à vent en activité, qui servait de télégraphe optique en 1793. Explications sur son fonctionnement et commentaires sur ce site historique qui offre un remarquable panorama sur le Bocage. Visite gratuite de la chapelle.
Tél. 02 51 67 16 66 Les Herbiers

La Chabotterie
Le logis meublé, les salles historiques, les jardins à la française illustrent la vie quotidienne d'une famille au XVIIIe siècle. Un parcours spectacle et une vidéo rappellent le souvenir de la guerre de Vendée et l'arrestation de Charette. Sur place: restaurant, aires de pique-nique.
Tél. 02 51 42 81 00 St Sulpice le Verdon

Le Refuge de Grasla
Ce village reconstitué rappelle la vie de la population locale durant la Guerre de Vendée en 1794. Des bornes audio, des films, des décors vous feront revivre cette page d'histoire. À découvrir également: des sentiers balisés, à parcourir à pied ou en vélo, des aires de pique-nique en Forêt de Grasla et à la Ferme de l'Oiselière.
Tél. 02 51 42 96 20 Les Brouzils

La Maison de la Rivière et du Pêcheur
Du survol de la rive à la vie au fond de l'eau: un voyage qui éveille tous vos sens. Des sensations à travers les senteurs réelles et la pêche virtuelle . . . De l'émotion par la révélation des secrets de la vie aquatique. Nombreuses activités: promenades en bateaux, sentiers botaniques.
Tél. 02 51 46 44 67 St George de Montaigu

Le Musée de la Voiture à Cheval
Revivez les sensations des voyageurs d'autrefois à travers une collection de 55 voitures à cheval du 18e, 19e et 20e siècles. Ces voitures de luxe provenant de différents châteaux sont restaurées dans la plus pure tradition française.
Nouveau: promenades dans le Parc de la Bretèche.
Tél. 02 51 57 39 04 Les Epesses

ANSWER IN ENGLISH

1. (i) List **two** types of buildings to be found in *Le Village Vendéen Miniature*.
   ....
   ....

   (ii) What is said about the impact of the visit on children?
   ....

2. What is said about the chapel in *Le Mont des Alouettes*?
   ....

3. What telephone number would one ring if one wished to visit a garden of rare vegetables?
   02 51 _____

4. Name one activity available at *La Maison de la Rivière et du Pêcheur*.
   ....

5. Where did the horse-drawn carriages come from?
   ....

6. What aspect of the 18th century is illustrated in *La Chabotterie*?
   ....

7. Name two ways in which one can move around in *Le Refuge de Grasla*.
   ....

3. This is an article from *Portfolio* (January 2001) about the stars of *Dawson's Creek*.

LES TEENS

Ils sont jeunes, ils sont beaux et ils sont bourrés de talent. Une nouvelle génération d'acteurs qui mettent la TV dans tous ses états.

James Van Der Beek

1. À l'âge de 13 ans, James était membre de l'équipe de football américain de son école. Mais il se blesse et son docteur lui interdit le sport pendant quelques mois. Pour occuper son temps libre, il se joint à la troupe théâtrale de son lycée et joue le rôle de Danny Zuko dans la comédie musicale *Grease*.

2. Dès l'âge de 16 ans, il a un agent qui lui trouve sur Broadway un rôle dans la pièce *Finding the Sun* de Edward Albee. Puis, en 1998, avec le rôle de Dawson dans la série *Dawson's Creek*, il devient une vedette de télévision. La série est un succès et, du jour au lendemain, le nom de James Van Der Beek est sur toutes les lèvres. Le cinéma lui fait les yeux doux, et il obtient un rôle dans *I Love You . . . I Love You Not*.

Par ailleurs, il poursuit ses études dans la Drew University dans le New Jersey, où il suit des cours de littérature anglaise et de sociologie.

Kerr Smith

3. Kerr Smith, qui joue le «méchant» dans la série *Dawson*, a lui aussi beaucoup d'expérience. Originaire des environs de Philadelphie, il a fait du théâtre dès le lycée mais à l'université son père a insisté qu'il fasse des études de finance et de comptabilité. Après avoir obtenu son diplôme, il a commencé sa propre entreprise. Mais il a bientôt découvert que ce travail ne lui plaisait pas vraiment et qu'en fait, il voulait devenir acteur. Il a déménagé pour New York et il a décroché des petits rôles comme dans *L'armée des douze singes*. Sa grand chance a été de jouer dans le soap opera *As the world turns*. Il a eu un tel succès dans le rôle de Ryder Hughes qu'on lui a proposé de jouer dans *Dawson's Creek*.

RÉPONDEZ EN FRANÇAIS AUX QUESTIONS 1 À 5.

1. (i) Relevez dans la **première** section la phrase qui indique pourquoi James Van Der Beek a arrêté de jouer au football américain.
   ....

   (ii) Pourquoi s'est-il joint à la troupe théâtrale de son lycée?
   ....

2. Citez dans la **première** section **deux** phrases/expressions qui montrent que James Van Der Beek est très connu.
   (i) ....

   (ii) ....

3. (i) Relevez dans la **troisième** section le mot qui décrit le personnage joué par Kerr Smith dans *Dawson's Creek*.
   ....

   (ii) Kerr Smith n'a pas fait d'études de théâtre à l'université. Pourquoi?
   ....

4. Comment savons-nous que Kerr Smith n'habite plus les environs de Philadelphie?
   ....

5. Relevez dans la **première** section un **verbe au présent** de l'indicatif.
   ....

6. '*Many budding screen stars realise that some day they may have to make a living outside acting and that they should be prepared for this.*'
   Is this true of these two actors? (Answer in **English**)
   (i) James Van Der Beek
   (ii) Kerr Smith

4. La narratrice s'appelle Anne et elle a seize ans. Elle a grandi à Toulouse. Elle vit avec sa mère. Elles se sont installées récemment à Limoges où la mère a été nommée directrice d'une compagnie. Un soir, Anne ne rentre pas directement du lycée et elle arrive chez elle plus tard que d'habitude. Elle a la surprise de trouver sa mère qui l'attend. Ce soir-là, la mère était rentrée plus tôt que d'habitude!

1. – D'où tu viens?
   Elle m'attendait, debout à côté du téléphone et elle n'était pas très contente.
   – Il y a une heure que je t'attends, Anne. J'étais morte d'inquiétude.
   – Mais d'habitude tu ne rentres pas avant sept heures . . . je n'ai pas trouvé mieux comme excuse que cette absurde contre-attaque. C'était idiot de ma part. Ma pauvre mère s'est fâchée tout rouge.
   – Comment ça, «d'habitude»? Pour une fois que je reviens tôt! Et tout ce que je trouve à mon retour, c'est un appartement désert et pas même un mot de ma fille pour me dire où elle est . . . On peut savoir ce que tu fais, Anne, entre la sortie des cours et la nuit noire?
   – Euh . . .
   – Comment ça, «euh»?
   – J'étais chez un ami.
   – Chez un ami?

2. À la seconde, le visage de ma mère s'est calmé. Je serais curieuse de savoir de quoi elle avait peur. Elle apprend que sa fille chérie a passé la soirée avec un garçon inconnu et la voilà complètement rassurée! Elle en avait même l'air contente!
   – Et comment s'appelle-t-il, cet ami?
   – Neville.
   – Neville. Ce n'est pas mal, Neville. Et que font ses parents?
   – Comment veux-tu que je le sache? Je ne le lui ai pas demandé. On ne se connaît pas encore assez.
   – Alors c'est tout nouveau, cette histoire, a-t-elle commenté en se frottant les mains.
   – Exactement, tout nouveau de ce soir, ai-je insisté.

3. Je me demandais pourquoi mes explications lui faisaient tellement plaisir.
   Ma mère aimait donner l'impression d'être l'éternelle optimiste mais, de temps en temps, elle se faisait quand même des soucis. Elle avait compris à quel point j'étais seule depuis le déménagement. Elle s'inquiétait, en bonne mère qu'elle était, pour sa fille qui, avant, avait été si populaire à Toulouse.

4. J'avais peur qu'elle me questionne longuement sur ce nouvel ami tombé du ciel. Mais la seule question qu'elle m'a posée, c'était:
   – Il ne fume pas, j'espère?
   J'ai pu répondre, en paix avec ma conscience:
   – Non.
   Là s'est arrêté l'interrogataire parce que le téléphone a sonné. Maman a couru pour répondre. J'étais sauvée! Bavarde comme elle l'était, elle allait parler pendant au moins une demi-heure. Mais elle est revenue, comme une bombe, l'œil brillant.
   – C'est pour toi!
   – Moi?
   Qui pouvait m'appeler? Je ne connaissais personne. Ma mère s'est gentiment penchée vers moi et elle a murmuré:
   – C'est Neville. Il veut te parler.

RÉPONDEZ EN FRANÇAIS AUX QUESTIONS 1 À 4.

1. (i) Depuis combien de temps sa mère attend-elle Anne? (**Section 1**)
   ....

   (ii) Lequel des mots suivants résume le mieux l'attitude de la mère dans la **Section 1**?
   ....
   - (a) contentement
   - (b) colère
   - (c) indifférence
   - (d) joie

   (iii) Selon sa mère (**Section 1**), Anne aurait dû
   - (a) préparer le repas du soir.
   - (b) ranger sa chambre.
   - (c) faire ses devoirs.
   - (d) faire savoir à sa mère où elle était.

2. (i) Sa mère apprend qu'Anne a '*passé la soirée avec un garçon inconnu*'. (**Section 2**) Lequel des mots suivants résume le mieux sa réaction?
   - (a) indifférence
   - (b) choc
   - (c) colère
   - (d) satisfaction

   (ii) Pourquoi Anne ne sait-elle pas ce que font les parents de Neville? (**Section 2**) ....

3. Sa mère s'inquiétait pour Anne. (**Section 3**) Pourquoi?
   ....

4. (i) Pourquoi la mère a-t-elle arrêté de poser des questions? (**Section 4**)
   ....

   (ii) Anne se croit '*sauvée*'. (**Section 4**) Pourquoi?
   ....

5. Describe the relationship between Anne and her mother. (Answer this question in **English** giving **two** points.)
   - (i) ....
   - (ii) ....

1. This extract, from the French magazine *Femme Actuelle*, offers brief comments on a number of children's videos.

DES K7 VIDÉO POUR LES VACANCES DE PÂQUES

Pour mieux profiter de la télé, voici une sélection de vidéos. Pour voyager, rêver, s'instruire ou tout simplement s'amuser.

DES NOUVEAUTÉS POUR SE DISTRAIRE

LES DEUX DERNIERS DISNEY
Les fillettes sont à l'honneur des deux derniers Disney. Dans le *Roi Lion II*, Simba est devenu roi. Il a une fille, Kiara, qui rencontre le fils de sa pire ennemie... Dans *Pocahontas II*, la jeune Indienne part à Londres et évite les manigances de Ratcliffe. Tout ici commence et finit en chansons. ***Roi Lion II****: l'honneur de la tribu.* ***Pocahontas II****: un monde nouveau.* 150 F.

DU RÊVE ET DES RIRES
Un petit ogre veut apprendre à lire, un chat bleu souhaite être normal... Après les histoires sur papier, le magazine *Pomme d'Api* en livre 10 nouvelles en dessin animé, racontées par Henri Dès. ***10 belles histoires de Pomme d'Api n° 3****,* 120 F.

PHYSIQUE
Plongée dans l'atome. Un voyage fascinant qui nous fait pénétrer au cœur de la matière pour s'initier en douceur à la physique. Prix Imagina 98. ***Le relief de l'invisible****,* Fnac, Virgin, Cité des sciences, 129 F.

DES CLASSIQUES POUR APPRENDRE

INSTRUCTIF
L'histoire en dessin animé. De la préhistoire à nos jours, une série de 13 K7 drôles et instructives. Sous la houlette d'un sage, les enfants, à partir de petites histoires, vont découvrir l'Histoire. Deux époques par K7. ***Il était une fois... l'homme****,* Fnac, 115F.

SAVOIR-VIVRE
Dire «tu ou vous», présenter son père à son copain... La Baronne apprend la politesse à un adolescent. Une leçon de savoir-vivre pour ceux qui aiment l'humour au second degré. ***Je vais t'apprendre la politesse****,* La 5°, Fnac, 109 F.

DÉCOUVERTE
Le vent du large. Neuf enfants ont navigué sur un voilier pendant une année scolaire. Avec eux, on découvre la voile, les baleines, les récifs de corail, la forêt amazonienne. Une belle leçon de géo! ***En route vers l'Amazonie****,* La 5°, Fnac, 137 F.

UN HÉROS SOLITAIRE
Séparé de son père, Alex, 11 ans, qui doit se débrouiller pour survivre, va se fabriquer un refuge secret. Sa seule amie: une souris. Le film, tiré d'une histoire vraie, se passe dans les ruines d'un ghetto durant la dernière guerre. Rempli d'émotion, c'est aussi un film d'espoir car le père d'Alex a promis de le retrouver. Ours d'argent au festival de Berlin, ***Robinson et les sauvages****,* M6, 99F.

ANSWER IN ENGLISH

1. From the introduction to this article, name **two** ways in which it is claimed videos can benefit children.
   (a) ....
   (b) ....

2. Which video begins and ends with songs?
   ....

3. In what video do we find a story about someone wanting to learn to read?
   ....

4. List **three** elements in the summary of '*Robinson et les Sauvages*' which suggest that it would be an exciting video for a young audience.
   (a) ....
   (b) ....
   (c) ....

5. Name **one** video which is said to be instructive in a humorous way.
   ....

6. Name **two** topics which children learned about as they spent a school year on a sailing boat.
   (a) ....
   (b) ....

2.

Votre bien-être

DE BONNES RAISONS DE FONDRE DEVANT LE CHOCOLAT

1. Noir, au lait, blanc, simple ou sophistiqué, en bonbon, crème ou boisson, le chocolat sous toutes ses formes fait l'unanimité. Ne boudons pas notre plaisir.

2. *Il est moelleux*

Le chocolat permet de faire la mousse . . . au chocolat, l'un des meilleurs desserts. La recette figure généralement au dos des bonnes tablettes de chocolat noir. Accompagnée d'une salade d'oranges saupoudrées de cannelle, cela devient un «grand» dessert. Avec un verre de Monbazillac, cela touche au sublime.

3. *Il est délicieux*

C'est vraiment la première raison de «craquer». Une raison partagée par beaucoup. Le chocolat a ses clubs de «fans»!

Il est festif

Par exemple, qui imaginerait les fêtes de Pâques sans un peu de chocolat? À Noël, au jour de l'an, pour tous les événements heureux de la vie, le chocolat est là. Depuis notre plus jeune âge, chocolat veut dire cadeau et récompense.

4. *Il est énergétique*

(a) Mélange de pâte de cacao, de beurre de cacao et de sucre, il est énergétique, mais attention, il faut en manger avec modération; sinon, on risque de grossir.
(b) À noter: l'effet tonique attribué au chocolat serait en partie provoqué par la présence de potassium et de magnésium, qui assurerait une meilleure efficacité musculaire et une plus grande résistance à la fatigue.

5. *Il est antistress*

Selon une nutritionniste réputée, «sous l'effet du plaisir que procure le chocolat et pendant les doux instants de sa dégustation, l'organisme fabrique sa propre morphine qui stimule les sentiments de bonheur. En même temps, la consommation du chocolat a pour effet de ralentir la production d'adrénaline, responsable d'états de stress».

ANSWER IN ENGLISH

1. Name **two** forms in which chocolate is enjoyed. (**Section 1**)
   (a) ....
   (b) ....

2. Where, according to **Section 2**, would you find a recipe for chocolate mousse?
   ....

3. Name **two** occasions when one celebrates with chocolate. (**Section 3**)
   (a) ....
   (b) ....

4. Name **one** advantage and **one** disadvantage of chocolate as a food item. (**Section 4 (a)**)
   ....

5. (i) In **Section 4 (b)**, the writer claims that the presence of potassium and magnesium in chocolate
   (a) wears away the body's muscles.
   (b) causes tiredness.
   (c) fights tiredness.
   (d) develops big muscles.

   (ii) In what **two** ways does chocolate affect our state of mind? (**Section 5**)
   ....
   ....

3.

Britney Spears

'LA MATURITÉ M'A AIDÉE À GAGNER EN CONFIANCE...'

Comme elle le chante dans son nouveau single, Britney Spears est loin d'être une innocente. À peine sorti, son nouvel album, *Oops... I Did It Again*, squatte la première place des charts internationaux. Aux États-Unis, elle a déjà dépassé le cap des 2 millions d'exemplaires vendus, un record! La jeune Américaine s'impose décidément comme le phénomène musical de ce début de siècle...

1. «Pour des raisons de budget, mon premier album a été réalisé un peu vite. À l'époque, on ne tenait pas vraiment compte de mon avis. Concernant *Oops... I Did It Again*, les choses ont été différentes. Davantage de moyens et de temps ont été mis à ma disposition. J'ai moi-même choisi certains morceaux, comme *Satisfaction*, la reprise du titre mythique des Rolling Stones. Pourtant, lorsque j'ai fait cette proposition à Max Martin et Rodney Jerkins, mes producteurs, ils n'étaient pas vraiment enthousiastes. J'ai donc décidé de travailler la chanson de mon côté. Dès la première écoute, ils ont été conquis et on a décidé de l'intégrer à l'album!»

2. «Contrairement à ma petite sœur, Jamie Lynn (9 ans), je suis d'une nature plutôt timide. Au début de ma carrière, j'avais peur des interviews et des conférences de presse; me retrouver seule, face à un groupe de journalistes inconnus, souvent ironiques, me faisait complètement stresser. Aujourd'hui, le succès et une certaine forme d'habitude m'ont aidée à gagner en confiance et à prendre les choses de façon plus relaxe. Désormais, les nuits qui

→

précèdent un rendez-vous public, je dors comme un bébé. Dans *Stronger*, l'un des titres de l'album, j'évoque d'ailleurs cette évolution de la confiance en moi.»

3. «Quand je suis sur les routes, j'ai parfois des coups de blues. Heureusement, Felicia, une amie de ma mère, m'accompagne en permanence. Même si nous ne sommes pas de la même génération, nous nous comprenons parfaitement. Avec elle, je peux discuter de tout ce que j'ai sur le cœur. Sur certains sujets, comme les garçons, que je n'ose pas toujours aborder avec maman, je n'hésite pas à me confier à Felicia. Et puis elle me permet de garder la tête froide. Contrairement aux personnes qui m'entourent, elle n'hésite pas à me remettre à ma place quand c'est nécessaire!»

4. «Au mois de mai, j'étais sur les îles Hawaï pour l'enregistrement d'une émission de télévision américaine. J'en ai profité pour prendre une petite semaine de vacances et me détendre. Justin Timberlake (N'Sync), mon fidèle ami, était là avec moi. Plutôt que de traîner au lit et me réveiller à des heures indues, nous avons profité du cadre splendide pour découvrir l'île et ses merveilles. Le matin, je me levais tôt, et contre l'avis de mes gardes du corps, je partais me balader seule sur la plage. Ensuite, je lisais un bon bouquin au soleil. Pendant les jours qui ont suivi, mon staff m'avait d'ailleurs surnommée l'écrevisse, tant le soleil d'Hawaï est ardent.»

RÉPONDEZ EN FRANÇAIS AUX QUESTIONS 1 À 6.

1. Relevez dans la **première** section les mots qui indiquent pourquoi le premier album de Britney Spears a été fait assez rapidement.
   ....

2. Citez dans la **première** section une expression qui montre que Britney Spears a joué un rôle plus actif dans la réalisation de *Oops . . . I Did It Again*.
   ....

3. Trouvez dans la **deuxième** section des mots qui décrivent son manque de confiance au début de sa carrière.
   ....

4. *(a)* Qui est-ce qui voyage toujours avec elle? (**Section 3**)
   ....

   (b) Citez une phrase qui montre que Britney Spears s'entend bien avec cette personne. (**Section 3**)
   ....

5. Relevez dans la **troisième** section un adjectif au féminin singulier.
   ....

6. Nommez **deux** activités que Britney Spears a pratiquées pendant ses vacances sur les îles Hawaï. (**Section 4**)
   (a) ....
   (b) ....

7. In the title of this article, Britney Spears refers to her maturity. What evidence of that maturity do you find in the article? Refer to the text in support of your answer.
   (**Two** points: answer in English)
   (i) ....
   ....
   ....
   (ii) ....
   ....
   ....

4. The narrator is a neighbour of Malik, who comes from Morocco.

1. Quand j'étais sûre que mes parents dormaient, je descendais silencieusement l'escalier. Je n'avais qu'à ouvrir sans bruit la porte verte et là, tout contre, il y avait la boîte aux lettres de Malik. Par la fente de la boîte aux lettres, nous nous parlions presque toute la nuit. Il ne passait jamais personne dans ce quartier après vingt-deux heures. J'étais tranquille. Si des noctambules me dérangeaient, je rentrais vite me réfugier dans l'entrée et je refermais sur moi la porte en attendant qu'ils aient disparu.

2. Quelquefois, en pleine nuit, ma mère entrait dans ma chambre. Elle voyait que je n'étais pas là, elle courait dans l'escalier, et elle m'appelait, affolée. Moi, je lui répondais simplement :
– Ne t'inquiète pas, maman, j'ai entendu du bruit dans la rue, je suis descendue vérifier que personne ne crevait les pneus de la voiture, on ne sait jamais.
Ma mère me croyait. D'ailleurs, elle n'aurait jamais pensé que moi, sa fille de douze ans, je sortais presque chaque nuit pour parler à un garçon qui en avait quatorze, qui habitait tout contre notre maison, et que j'aimais.

3. Malik vivait avec sa mère. Aucun bruit ne circulait sur eux, on n'en disait rien de spécial dans le quartier, on les ignorait. Ils ne recevaient jamais de courrier. Dans la journée, aucune lettre ne dépassait de la boîte pour effleurer le pardessus d'un passant.

Jasmine travaillait tous les jours, elle vivait à l'usine. Je me souviens qu'elle portait toujours le même châle, rouge, avec des lunes imprimées et des étoiles dorées. Elle avait les paumes teintes au henné et les mains toutes blessées et rugueuses à cause de son travail. Malgré tout, je la trouvais plus belle que ma mère.

RÉPONDEZ EN FRANÇAIS AUX QUESTIONS 1 À 4.

1. À quel moment la narratrice descendait-elle l'escalier? (**Première** Section)
   ....

2. Relevez les mots qui montrent qu'elle prenait **deux** autres précautions. (**Première** Section)
   (a) ....
   (b) ....

3. (a) Qu'est-ce qui permettait à Malik et à Léa de communiquer? (**Première** Section)
   ....

   (b) Quelquefois, pendant la nuit, la mère de la narratrice courait dans l'escalier. Pourquoi? (**Deuxième** Section)
   ....

4. (a) Malik et sa mère ne se faisaient pas remarquer. Relevez **un** élément qui le montre. (**Troisième** Section)
   ....

   (b) Où travaillait la mère de Malik? (**Troisième** Section)
   ....

   (c) Relevez les mots qui montrent que son travail était dur. (**Troisième** Section)
   ....

5. Do you think that Léa had a good relationship with her mother? (**Two** points: answer in English)
   (i) ....
   ....
   ....
   (ii) ....
   ....
   ....

3. WRITTEN EXPRESSION

Percentage = 15%
Marks = 60 (30 +30)
Time = 45 minutes (20 + 20 + 5 min check)

Introduction

The written exam is divided into three sections, A, B and C. You must do two of the sections. In each section there will be two questions of which you only need to do one, e.g. A (a) or A (b), B (a) or B (b), C (a) or C (b) and you could choose to do A (a) and B (b). Each question is worth 30 marks.

Section A consists of a cloze test and a form to fill in. A cloze test is a passage with words missing (generally ten) and you have to put the correct word into the correct gap. The form to fill in is usually something like a job application form or an enrolment form for a summer camp.

Section B consists of a message or a postcard to write.

Section C consists of a letter (usually formal) or a diary entry.

My advice to you would be to do *both* options in section A (the cloze test and the form). The cloze test and the form do not take long to do and it is possible to score very highly in them. Then you can choose whichever question you are best prepared for from four: B (a), B (b), C (a) or C (b). This means you spend about ten minutes on the cloze test and another ten on the form and then you spend twenty on a message, postcard, letter or diary entry. You also have a further five minutes for checking over what you have written.

Section A (a): Cloze Tests

In a cloze test you have to fill in blanks in a letter. The cloze test exercise always begins: '*Complétez la lettre ci-dessous en écrivant les mots suivants dans les espaces appropriés. N.B. Cette liste n'est pas dans l'ordre.*' This phrase means: 'Complete the letter below by writing the following words into the correct spaces. N.B. This list is not in order.'

In other words, the missing words are provided for you and you must decide which one goes where. It is very important that you use only the words provided in the list and that you use each word only once. Take care also to copy the word correctly into the blank. You are given three marks for each correct word ($10 \times 3 = 30$).

Read through the list of words first, trying to understand each one, then read through the letter to try and understand it, paying particular attention to the words that come before and after the blanks. Grammar is important for this exercise so make sure to revise your grammar in the grammar section in this book paying particular attention to articles, adjectives and pronouns. You have been given all the necessary words so if you are not sure it is always worth taking a guess, never leave a blank.

Tips for cloze tests:
— Try to identify where a verb may be needed and what tense it should be in. Pay particular attention to missing past participles, e.g. *je suis allé*.
— Watch out for verbs that do not have a personal pronoun before them, e.g. the '*je, tu, il*', etc. is missing.
— Watch out for reflexive verbs that will need a '*me, te, se/s', nous*' or '*vous*' before them. Some common reflexive verbs are '*se coucher*' (to go to bed), '*s'habiller*' (to dress oneself), '*se lever*' (to get oneself up), '*se laver*' (to wash oneself), '*se réveiller*' (to wake up), '*se souvenir de*' (to remember).
— Watch out for negatives. In French a negative is always composed of two parts, usually '*ne*' and '*pas*' or perhaps '*ne*' and '*jamais*', '*plus*', '*rien*' or '*personne*'.
— Be careful what preposition to put before place names. Remember:
'*à*' + name of city, village or town, e.g. '*à Dublin*', '*à Paris*'
'*en*' + feminine country, e.g. '*en Irlande*', '*en France*'
'*au*' + masculine country, e.g. '*au Canada*', '*au Japon*'
'*aux*' + plural, e.g. '*aux États-Unis*', '*aux Pays-Bas*'
'*dans*' + enclosure, e.g. '*dans la maison*'

- Be very careful to make adjectives agree with the nouns they are describing. If the noun is masculine singular, the adjective must also be masculine singular; if the noun is feminine plural, the adjective must also be.
- If the missing word is '*le*', '*la*' or '*les*', make sure that the noun you put in front matches, e.g. '____ *maison*'. Here you would have to put in '*la*' as the word '*maison*' is feminine singular.
- With possessive pronouns, e.g. '*mon*', '*ma*', '*mes*' and demonstrative pronouns '*ce*', '*cet*', '*cette*', '*ces*', again be sure that they agree with the noun that they are describing.
- Quantities will always be followed by '*de*', e.g. '*beaucoup de*', '*trop de*', '*un kilo de*'.

Now test yourself

Put in the correct word into the blank.
1. J'habite _en_ Angleterre.
2. Nous avons _une_ grande maison.
3. Je voudrais deux litres _du_ lait.
4. Je _suis_ allé à la piscine.
5. Nous _nous_ levons à sept heures d'habitude.
6. Il n'aime _pas_ le football.
7. J'espère que _ta_ mère et ton père vont bien.
8. Il _fait_ assez beau aujourd'hui.
9. Je vais aller _au_ cinéma.
10. J'adore _jouer_ au tennis.

Past Papers

2003 A (a)

Complétez la lettre ci-dessous en écrivant les mots suivants dans les espaces appropriés.

(N.B. Cette liste n'est pas dans l'ordre.)

pas, de, sont, rouge, en, demi, heures, mixte, à, porter.

An Uaimh/Navan, le 3 mars.

Cher Jean-Luc,

    Merci de ta lettre que j'ai reçue hier. Tu m'as demandé de décrire un peu mon école. Eh bien, je vais à un lycée _____ d'environ cinq cents élèves.

    Nous devons _____ un uniforme gris, c'est-à-dire un pull et un pantalon gris avec une chemise bleue et une cravate _____ . Les filles ont le droit de porter une jupe grise si elles le veulent. L'avantage de l'uniforme c'est qu'il n'y a _____ de concurrence entre les élèves. Est-ce vrai qu'on ne porte pas d'uniforme _____ France?

    Ici, l'école commence à neuf _____ du matin. Il y a une récréation de dix minutes _____ onze heures. À midi et _____ on a la pause déjeuner et les cours finissent à quatre heures. Nous avons beaucoup _____ devoirs à faire le soir. Quelle vie!

    Les profs sont assez sympas. Ils nous aident toujours. Comment _____ les profs dans ton école?

    Dans ta prochaine lettre, parle-moi un peu de ton système scolaire.

    Amitiés,
    Aidan

2002 A (a)

Complétez la lettre ci-dessous en écrivant les mots suivants dans les espaces appropriés.

(N.B. Cette liste n'est pas dans l'ordre.)

en, que, cherche, touristes, camping, font, lettre, belle, depuis, ma.

Galway, le 5 avril.

Cher Didier,

J'ai été très heureux de recevoir ta *lettre* parce que ça fait longtemps que je *cherche* un correspondant français.

Moi j'ai dix-sept ans et j'apprends le français *depuis* cinq ans. J'aime beaucoup les langues et je voudrais voyager *en* Europe. J'ai déjà fait du *camping* en Bretagne avec ma famille, et ça m'a plu énormément.

Galway est une *belle* ville avec une cathédrale célèbre. C'est une ville très animée avec beaucoup de *touristes* surtout en été.

Tous les samedis je vais pêcher avec mon frère qui a deux ans de plus *que* moi. Mon père est professeur et *ma* mère femme au foyer. Que *font* tes parents dans la vie?

À bientôt le plaisir de te lire.

Amitiés,
David

2001 A (a)
Complétez la lettre ci-dessous en écrivant les mots suivants dans les espaces appropriés.

(N.B. Cette liste n'est pas dans l'ordre.)

Tennis, différentes, séjour, moi, pas, vite, couches, ta, manger, ferai.

Nantes, le 10 juin

Cher Colm,

Je suis très heureux que tu acceptes mon invitation à venir passer trois semaines chez _moi_ cet été. Je te promets que je _ferai_ de mon mieux pour rendre ton _séjour_ aussi agréable que possible.

Dans _ta_ prochaine letter dis-moi à quelle date tu comptes arriver s'il te plaît. Dis-moi aussi à quelle heure tu te _couches_ et à quelle heure tu te lèves généralement. Ma mère s'inquiète parce qu'elle croit que tes habitudes sont peut-être _différentes_ des nôtres.

Elle craint que tu n'aimes _pas_ les repas français et elle veut savoir ce que tu aimes _manger_ et boire.

Comme tu sais je ne suis pas très sportif, mais je jouerai bien sûr au _tennis_ avec toi si tu veux. Écris-moi _vite_ pour me dire ce que tu aimerais faire ici.

Amitiés,
Robert

Section A (b): Form-Filling

NOM:	O'CONNOR
PRÉNOM:	NIAMH
ADRESSE:	....
	....
	....
DATE DE NAISSANCE:	....
LIEU DE NAISSANCE:	....
PROFESSION:	....

With this type of exercise you have to fill in a form giving details about yourself. You will have to give your '*nom*' (surname), your '*prénom*' (first name), your '*adresse*' (address) and your '*date de naissance*' (date of birth). It is easy to predict what you will be asked so if you learn off the phrases given below you can score very highly in this question. The total marks given for this exercise are 30. For questions 1–5 you are usually given two marks ($2 \times 5 = 10$ marks) as they require a very simple answer and are generally the same every year (surname, first name, age, date of birth, nationality, number of brothers and sisters, number of years studying French, etc.).

For questions 6–9 you are usually given 20 marks (5×4). These four questions are marked as a total, 12 for communication and 8 for language. To score well in them you will need to write clear correct French.

♥ Phrases to learn off by heart

J'ai dix-huit ans. – I am eighteen.
Je suis né(e) le 16 mai 1989. – I was born on the sixteenth of May, 1989.
Je suis né(e) à Cork en Irlande. – I was born in Cork in Ireland.
Je suis irlandais/irlandaise. – I am Irish.
J'ai deux frères et pas de sœur. – I have two brothers and no sisters.
Je suis responsable, bosseur (bosseuse) et sociable. – I am responsible, hard-working and outgoing.
Mon père est comptable et ma mère travaille à la maison. – My father is an accountant and my mother works at home.
J'étudie sept matières à l'école. – I am studying seven subjects in school.

J'adore le sport, surtout la natation et l'athlétisme. – I love sport, especially swimming and athletics.
Je m'intéresse à la musique et à la lecture. – I am interested in music and reading.
J'étudie le français depuis six ans. – I have been studying French for six years.
Je vais à l'école à . . . – I go to school in . . .
Je voudrais améliorer ma connaissance de la langue. – I would like to improve my knowledge of the language.
Je voudrais perfectionner mon français. – I would like to improve my French.
Je parle l'anglais et l'irlandais couramment. – I speak fluent English and Irish.
J'ai mon brevet et je vais passer le bac en juin. – I have my Junior Certificate and I am doing my Leaving Certificate in June.
J'ai mon permis de conduire. – I have my driving licence.
J'ai un diplôme en informatique/communications. – I have a diploma in computers/communications.
Je voudrais bien passer un séjour en France. – I would like to spend time in France.
J'aimerais rencontrer de nouveaux gens. – I would like to meet new people.
Mes amis m'ont dit que c'est super. – My friends told me that it's great.
J'ai choisi ce collège/cette colonie de vacances parce que . . . – I chose this college/holiday camp because . . .
Je suis en terminale à l'école. – I am in sixth year in school.
Je n'ai pas de besoins médicaux. – I have no medical requirements.
Je suis en bonne santé. – I am in good health.
J'ai déjà travaillé comme au-pair. – I have already worked as an au pair.
Je travaille depuis six mois dans une banque/un magasin/un bureau/une école. – I have been working for six months in a bank/a shop/an office/a school.
Je m'intéresse à la mode/à la politique/au sport/aux voyages. – I am interested in fashion/politics/sport/travelling.
J'adore les enfants. – I love children.
J'ai gardé des enfants et preparé leurs repas. – I minded the children and prepared their meals.
J'ai rangé les rayons et travaillé à la caisse. – I tidied the shelfs and worked at the checkout.
J'ai répondu au téléphone et envoyé des télécopies. – I answered the phone and sent faxes.
Le travail d'un/d'une . . . m'intéresse beaucoup. – The work of a . . . really interests me.
Nous allons visiter les monuments célèbres. – We are going to visit famous monuments.
Je suis disponible à partir du . . . – I am available from the . . .

Please note:

nom	– surname
prénom	– first name
date de naissance	– date of birth
lieu de naissance	– place of birth
établissements scolaires	– schools attended
profession/métier/carrière des parents	– parents' profession
candidature	– job application
formation	– training
la santé	– health
expérience professionnelle pertinente	– relevant work experience
dates du séjour	– dates of your stay
décrivez-vous	– describe yourself
niveau de français	– level of French
je suis	– I am
j'ai	– I have
je voudrais	– I would like
c'est	– it is
il y a	– there is/are
je serai	– I will be

Now test yourself

Translate these phrases.
1. I have two brothers and one sister. *J'ai*
2. I am eighteen.
3. I am in sixth year.
4. I love football, swimming and music.
5. I have been learning French for five years.
6. My father is a teacher.
7. I would like to meet new people.
8. I have already worked as a waiter.
9. I am interested in travelling.
10. I have no medical requirements.

Past papers

2003 A (b)

Vous vous appelez Patrick/Patricia O'Brien. Vous préparez votre Leaving Certificate et vous voulez un emploi d'été comme vendeur/vendeuse. Remplissez le formulaire suivant:

N.B. Répondez à 6, 7, 8 et 9 par des phrases complètes.

1. NOM: .... O'BRIEN ....
2. PRÉNOM: .... PATRICK ....
3. DATE DE NAISSANCE: ....
4. LIEU DE NAISSANCE: ...... Je suis IRLANDAIS ....
5. LANGUE(S) PARLÉE(S): ....

6. POURQUOI VOULEZ-VOUS TRAVAILLER COMME VENDEUR/VENDEUSE?

....

....

7. EXPÉRIENCE DE CE GENRE DE TRAVAIL: ....

....

....

8. ENTRE QUELLES DATES VOULEZ-VOUS TRAVAILLER? ....

....

9. QUELS SONT VOS LOISIRS? ....

....

....

2002 A (b)

Vous vous appelez Noël/Noëlle Ó/Ní Ríordáin/O'Riordan et vous voulez faire un échange avec un(e) jeune Français(e). Remplissez le formulaire suivant:

N.B. Répondez à 6, 7, 8 et 9 par des phrases complètes.

---

1. NOM: ....
2. PRÉNOM: ....
3. DATE DE NAISSANCE: ....
4. NOMBRE D'ANNÉES D'ÉTUDE DU FRANÇAIS: ....
5. QUEL MOIS PRÉFÉREZ-VOUS POUR L'ÉCHANGE? ....

---

6. DÉCRIVEZ UN PEU VOTRE FAMILLE: ....
   ....
   ....

7. QUELS SONT VOS PASSE-TEMPS PRÉFÉRÉS? ....
   ....
   ....

8. POURQUOI VOULEZ-VOUS FAIRE CET ÉCHANGE? ....
   ....
   ....

9. COMMENT IREZ-VOUS EN FRANCE? ....
   ....
   ....

2001 A (b)

Vous vous appelez Micheál/Michelle Mac/Nic Gearailt/Fitzgerald et vous voulez faire un stage d'été à l'école de langues Euroécole de Rennes. Remplissez le formulaire suivant.

   N.B. Répondez à 6, 7, 8 et 9 par des phrases complètes.

---

1. NOM: ....

2. PRÉNOM: ....

3. ÂGE: ....

4. LIEU DE NAISSANCE: ....

5. SEXE: ....

---

6. POURQUOI VOULEZ-VOUS FAIRE CE STAGE? ....

   ....

7. QUELLES LANGUES PARLEZ-VOUS? ....

   ....

8. QUELLES SONT VOS MATIÈRES PRÉFÉRÉES AU LYCÉE? ....

   ....

   ....

9. POURQUOI AVEZ-VOUS CHOISI EUROÉCOLE DE RENNES? ....

   ....

   ....

Section B (a): Messages

> *Hélène,*
>
> *Pendant que vous étiez en ville Jean a téléphoné. Il est désolé mais il ne peut pas vous rencontrer demain. Il rappellera ce soir.*
>
> *À bientôt,*
>
> *Delphine*

There are 30 marks given for the message or the postcard (15 for communication and 15 for language). There are normally three points to be made, each with equal marks. If you only make two of these points then you will be marked out of 20, i.e. you will automatically lose ten marks. Each point requires two or three sentences in clear, correct French to gain maximum marks. Pay particular attention to the tenses you use and don't forget to sign off at the end. The sample answers will give you an idea of how much you need to write to score full marks.

♥ Phrases to learn off by heart

Juste un petit mot pour te dire que . . . – Just a little note to let you know that . . .
Je suis parti(e) en ville/au cinéma/à la piscine. – I have gone to town/to the cinema/to the pool.
Je suis passé(e) chez toi. – I called to your house.
Malheureusement, il n'y avait personne. – Unfortunately there was nobody there.
Pendant ton absence. – During your absence.
Pendant que vous étiez en ville. – While you were in town.
Ton père a téléphoné. – Your father called.
Il m'a demandé de te dire que . . . – He asked me to tell you that . . .
Il est désolé mais il est malade. – He is sorry but he is sick.
Il ne peut pas te rencontrer demain. – He cannot meet you tomorrow.
Il va rappeler demain. – He will call back tomorrow.
Vincent m'a téléphoné. – Vincent called me.
Marie vient de téléphoner. – Marie has just called.
Il/elle veut savoir si . . . – He/she wants to know if . . .
Je serai de retour à . . . – I will be back at . . .
Peux-tu venir me chercher à . . . ? – Can you come and pick me up at . . . ?

Je viendrai te chercher à six heures . . . – I will come and pick you up at six.
Il/elle rappellera ce soir. – He/she will call back this evening.
Veux-tu venir avec moi/nous? – Do you want to come with us?
Est-ce que je peux emprunter . . . ? – Can I borrow . . . ?
Est-ce que tu peux me prêter . . . ? – Could you lend me . . . ?
Tu auras besoin d'un/une . . . – You will need a . . .
N'oublie pas ton/ta . . . – Don't forget your . . .
Cet après-midi j'espère aller . . . – This afternoon I hope to go . . .
Je serai en retard. – I will be late.
Je dois aller chez le médécin – I have to go to the doctor.
Ton père/ta mère a eu un accident. – Your father/mother had an accident.
Ne t'inquiète pas. – Don't worry.
Je suis désolé(e) mais . . . – I am sorry but . . .
Je ne peux pas venir. – I cannot come.
Nous nous retrouverons devant la piscine. – We will meet up in front of the swimming pool.
Marie m'a invité chez elle. – Marie invited me to her house.
Je t'envoie ce message par télécopie. – I am sending you this message by fax.
Je dois annuler notre rendez-vous. – I have to cancel our appointment.
Téléphone-moi ce soir. – Call me this evening.
Je vais rejoindre mes amis. – I'm going to meet up with my friends.
Je te téléphonerai ce soir. – I will call you this evening.
Ne m'attendez pas. – Don't wait for me.
À tout à l'heure/à bientôt – See you later
À demain – See you tomorrow

Now test yourself

Translate the following phrases.
1. I will call you this evening.
2. Don't wait for me.
3. I will be back at . . .
4. Marie has just called.
5. I cannot come.
6. We will meet up in front of the swimming pool.
7. I'm going to meet up with my friends.
8. Do you want to come with us?
9. He will call back tomorrow.
10. I called to your house.

Past papers

2003 B (a)
Leave a message for Marc with whom you are staying in Bordeaux. Say that:
– While he was out, his friend Didier called.
– You have gone to the bakery to buy some bread.
– You would like to go to the cinema and to a disco this evening.

2002 B (a)
Leave a message for Louise who is staying with you. Say that:
– You have gone shopping for your mother, who is ill.
– You will be back at midday, for your lunch.
– This afternoon you hope to go to the swimming pool with your friends.

2001 B (a)
Leave a message for Martine who is staying with you.
– Say that while she was out, her brother David phoned.
– He will ring back tomorrow at 5 p.m.
– He is going to bed early because he is working tomorrow.

Section B (b): Postcards

♥ Phrases to learn off by heart

Me voici à (town/city). – Here I am in . . .
Je suis en vacances avec mes amis. – I'm on holiday with my friends.
Je suis en vacances au bord de la mer. – I am on holiday by the sea.
Je m'amuse bien. – I'm having a good time.
Comment vas-tu? – How are you?
Quel temps! – What weather!
Le soleil brille tous les jours. – The sun is shining every day.
Il n'a pas arrêté de pleuvoir depuis mon arrivée. – It hasn't stopped raining since I arrived.
La nourriture est délicieuse/horrible. – The food is delicious/horrible.
Je suis arrivé(e) ici samedi dernier. – I arrived here last Saturday.
Je suis arrivé(e) ici sain et sauf. – I arrived here safe and sound.
Nous restons dans un hôtel/une auberge de jeunesse. – We are staying in a hotel/youth hostel.
La plage est superbe. – The beach is superb.
J'ai joué au foot et au tennis. – I played football and tennis.
J'apprends à faire de la voile. – I'm learning to sail.
J'ai rencontré des jeunes très sympas. – I met some very nice young people.
Je cherche à parler français mais ce n'est pas facile. – I am trying to speak French but it's not easy.
J'adore la nourriture française. – I love French food.
Je me bronze au soleil. – I sunbathe.
Nous visitons la région. – We are visiting the area.
Je sors tous les soirs. – I go out every night.
Nous allons visiter la Tour Eiffel. – We are going to visit the Eiffel Tower..
Chaque soir nous mangeons au restaurant. – Every evening we eat in a restaurant.
J'irai en ville demain pour acheter des souvenirs. – I will go to town tomorrow to buy souvenirs.
Je ferai une promenade à vélo. – I will go for a cycle.
La semaine prochaine j'espère aller/faire . . . – Next week I hope to go/to do . . .
Je serai de retour la semaine prochaine. – I will be back next week.
Je suis très bronzé(e). – I am very tanned.
C'est magnifique/super/génial. – It's magnificent/super/great.
Amuse-toi bien en vacances. – Have a good time on your holidays.
Écris-moi bientôt. – Write to me soon.
Amitiés – Best wishes

✏️ Now test yourself

Translate the following phrases:
1. Here I am in Galway.
2. The sun is shining every day.
3. I arrived here last Tuesday.
4. I will be back next week.
5. I met some very nice young people.
6. I go out every night.
7. We are staying in a campsite.
8. I'm learning to swim.
9. I will go to town tomorrow to buy souvenirs.
10. Have a good time on your holidays.

Past papers

2003 B (b)
You are on holiday in France. Write a postcard to your penfriend Claire in which you say that:
– You are on holidays in France with your family.
– The countryside is beautiful and the people are friendly.
– You hope to visit Paris before going home.

2002 B (b)
Write a postcard to your penpal Xavier in which you say that:
– You are very busy at the moment because you are doing your exams.
– Yesterday you had the maths exam and it was difficult.
– Next week you hope to go on holidays with your family.

2001 B (b)
You are on holiday in the country. Write a postcard to your friend.
– Say that you arrived safely on Friday evening.
– You are staying in a youth hostel and the food is very good.
– You plan to go for a long walk tomorrow because the weather is fine.

Section C (a) Diary Entries (*Le Journal Intime*)

'*Le Journal Intime*' means a diary entry. You are given a situation or a topic and you then write down your feelings about that day. Here are some examples from past papers of the type of day you may have to give your feelings on:

    2002   – a day in the country visiting your grandparents
    2001   – a trip to the cinema
    2000   – a difficult day in school
    1999   – illness over the past few days
    1998   – a really enjoyable weekend
    1997   – the middle of your Leaving Cert exams

Be very careful to follow the instructions given and to cover all of the necessary points. The diary is awarded 30 marks (15 for communication and 15 for language). There are usually three points with five marks each. No marks are awarded for layout. You are expected to write about 80 words. If you are talking about what has happened to you over the past week or past few days then a sentence or two is enough for each day. The French you use will be informal as if you were writing to a good friend.

♥ *Phrases to learn off by heart*

Cher Journal – Dear Diary
Je viens de passer une journée chouette/triste/horrible. – I have just spent a great/sad/horrible day.
Le jour s'est bien passé. – The day went well.
Que je suis déprimé(e)/fatigué(e)/content(e). – Oh, how depressed/tired/happy I am.
Que je me sens seul(e). – I feel so alone.
Quelle journée! – What a day!
Quel désastre/succès/dommage! – What a disaster/success/pity!
Ce que je déteste le plus c'est . . . – What I hate most is . . .
C'était super/magnifique/extraordinaire. – It was super/magnificent/extraordinary.
Quel bel endroit! – What a lovely place!
Je me suis très bien amusé(e). – I had a great time.
Il a fait un temps superbe/affreux. – The weather was beautiful/awful.

Vivement les vacances! – Roll on the holidays!
J'ai rencontré un garcon/une fille très sympa. – I met a very nice boy/girl.
Il est si beau/elle est si belle. – He/she is so good-looking.
Nous nous entendons très bien. – We get on very well.
J'avais peine à le/la/les croire. – I could hardly believe it/them.
J'en ai assez de . . . – I have had enough of . . .
J'avais peur de . . . – I was afraid of . . .
Rien ne marche en ce moment. – Nothing is going right at the moment.
Je fais de mon mieux. – I'm doing my best.
tant mieux – just as well
Qu'il est embêtant! – How annoying it is!
Je viens de . . . – I have just . . .
J'ai horreur des examens. – I hate exams.
tout d'abord – first of all
Voilà, c'est tout pour aujourd'hui. – Right, that's all for today.
J'espère que les choses iront mieux demain. – I hope things go better tomorrow.
Je me couche. – I'm off to bed.
Demain il fera jour. – Tomorrow is another day.

Now test yourself

Translate the following phrases.
1. We get on very well.
2. I'm doing my best.
3. Right, that's all for today.
4. I met a very nice boy.
5. I have just spent a horrible day.
6. I have had enough of my parents.
7. I had a great time at the beach.
8. What I hate most is the food.
9. Oh, how tired I am.
10. I have just finished my homework.

Past papers

2003 C (a)
You have just returned home after your last day at school. Note the following in your diary:
– You were sad to say goodbye to your friends.
– You were glad you took some nice photos.
– You hope that the Leaving Cert will not be too difficult.

2002 C (a)
You have just returned from a day in the country. Note the following in your diary:
– You went to the country to visit your grandparents.
– The weather was fine and you enjoyed yourself very much.
– The journey took three hours and you are very tired.

2001 C (a)
You have just returned from a trip to the cinema. Note the following in your diary:
– You have been to the cinema and with whom.
– What film you saw and what you thought of it.
– Where you went afterwards and what time you came home.

Section C (b): Letters

Formal letters

The formal letter is awarded 30 marks. Six of these marks go for the layout (three for the opening and addresses and three for signing off). Therefore it is very important to get the layout correct:

1. The sender's address is written on the top left-hand side.
2. The name of the town and the date are written after the sender's address, one line lower and on the right-hand side.
3. The receiver's address is written on the right-hand side below the date.
4. Always use '*vous*' when writing a formal letter.

Example:

Mary O'Farrell,
14 St John's Road,
Sandymount,
Dublin 4,
Irlande.

                                                              Dublin, le 4 mai

                                                              M. Jean Dupont,
                                                              125 rue Marot,
                                                              75279 Paris.

Beginning: Monsieur/Madame,

Ending: ***Veuillez agréer, Monsieur/Madame, l'expression de mes sentiments distingués.*** (Make sure you know this phrase inside out!)

The remaining 24 marks are divided into 12 for communication and 12 for language. This generally breaks down into three tasks at four marks each. The formal letters are usually reservations at campsites or hotels, job applications or requests for information. If you use the correct layout and learn the following phrases you can get good marks in this section.

♥ *Phrases to learn off by heart*

Making a reservation

Je vous écris de la part de ma famille. – I am writing to you on behalf of my family.
Nous voudrions rester dans votre hôtel. – We would like to stay in your hotel.
J'ai l'intention de passer quinze jours au camping à . . . – I intend spending a fortnight in the campsite in . . .
Je voudrais retenir une chambre avec douche/avec salle de bains. – I would like to book a room with a shower/with a bathroom.
Avez-vous un emplacement de libre pour une caravane? – Do you have a site free for a caravan?
Nous avons l'intention de . . . – We intend . . .
Je voudrais rester en demi-pension. – I would like to stay half-board.
Nous arriverons le six juin à midi. – We will arrive on the sixth of June at midday.
du six au seize juin – from the sixth to the sixteenth of June
Est-ce qu'il y a une piscine dans l'hôtel? – Is there a pool in the hotel?
Veuillez nous indiquer le tarif de ce séjour. – Please let us know the price of the stay.
Y a-t-il des aménagements pour les enfants? – Are there facilities for children?
Je vous serais très reconnaissant(e) de bien vouloir . . . – I would be much obliged if you could . . .

J'attends confirmation de votre part. – I am awaiting confirmation on your part.
J'attends votre réponse avec impatience. – I look forward to hearing from you.
Ça coûte combien par personne/par nuit? – How much does it cost per person/per night ?
J'ai le regret de vous informer que je ne pourrai pas arriver le six. – I regret to inform you that I cannot arrive on the sixth.

Job applications

J'ai lu dans les petites annonces que vous cherchez . . . – I read in the ads that you are looking for . . .
Je voudrais poser ma candidature au poste de . . . – I would like to apply for the job of . . .
Je suis très intéressé(e) par ce poste. – I am very interested in this job.
J'aimerais beaucoup travailler avec des enfants. – I would really like to work with children.
Je voudrais améliorer mon français. – I would like to improve my French.
Veuillez trouver ci-joint mon c.v. – Please find enclosed my CV.
une lettre de recommandation de mon employeur – a letter of recommendation from my employer
Je vous envoie une copie de mon diplôme. – I am sending you a copy of my diploma.
Je me crois bien qualifié(e) pour ce poste. – I think I am well qualified for this job.
J'ai de l'expérience pour ce genre de travail. – I have experience in this type of work.
Je viens de terminer mes études secondaires. – I have just finished my secondary education.

Je serai disponible à partir du . . . – I will be available from the . . .
Je cherche un emploi en . . . – I am looking for a job in . . .
Pourriez-vous m'indiquer le montant du salaire? – Could you let me know the salary?
Quelles sont les heures de travail? – What are the working hours?
N'hésitez pas à me contacter. – Don't hesitate to contact me.
Dans l'attente d'une réponse favorable – Hoping for a favourable reply
Espérant que vous prendrez ma demande en considération – Hoping that you will consider my application

Requesting information/complaining

Veuillez m'envoyer des renseignements/brochures. – Please send me information/brochures.
des dépliants sur la région et un plan de la ville – brochures on the region and a map of the town
Veuillez me faire savoir si . . . – Please let me know if . . .
J'aimerais savoir également . . . – I would also like to know . . .
Quels sont les jours de marché? – What days is the market on?
Quelles sont les possibilités de loisirs dans la région? – What are the leisure amenities in the area?

Quelles sont les spécialités du pays? – What are the regional specialities?
une enveloppe timbrée à mon adresse – a stamped addressed envelope
Où se trouve la gare? – Where is the train station situated?
J'ai le regret de vous informer que . . . – I regret to inform you that . . .
Je ne suis pas du tout satisfait(e) de . . . – I am not at all satisfied with . . .
Le service n'était pas très bon. – The service wasn't very good.
Je vous le/la renvoie dans l'espoir que vous pourrez le/la remplacer. – I am returning it to you in the hope that you will be able to replace it.
Je viens de passer une semaine dans votre auberge de jeunesse. – I have just spent a week in your youth hostel.
Malheureusement, j'ai laissé ma veste sur le lit. – Unfortunately I left my coat on the bed.
Pourriez-vous faire les recherches nécessaires? – Could you please make the necessary enquiries?

✍ Now test yourself

Translate the following phrases.
1. I intend spending a fortnight in the campsite in Biarritz.
2. I would like to book a room with a double bed and a bathroom.
3. Please let us know the price of the stay.
4. I would like to apply for the job of waiter in your hotel.
5. I have experience in this type of work.
6. Could you let me know the salary?
7. Please find enclosed my CV.
8. Please send me information and a map of the town.
9. I would also like to know what days the market is on.
10. I am not at all satisfied with the service in your hotel.

Informal letters

Usually the letter is a formal letter but it could also be an informal letter so make sure you know the following phrases and how to lay out an informal letter. Even if an informal letter does not come up, these phrases will be useful in other sections of the written expression.

As regards the layout, only the name of the town is written on the top right-hand corner of the letter. The date is written beside or under the town.

Remember that days and months never take a capital letter except at the beginning of a sentence.

Example: *Paris, le 12 juin*
Galway, le 7 septembre

```
                                              ┌─────────┐
                                              │ STAMPS  │
                                              │         │
                                              └─────────┘


              Jasmine Jones
              The Crescent
              Mallow
              Co. Cork
```

♥ Phrases to learn off by heart

Cher (m.s.)/Chère (f.s.)/Chers (pl) – Dear
Merci beaucoup de ta longue lettre. – Thanks a lot for your long letter.
Je m'excuse de ne pas avoir écrit plus tôt. – I am sorry for not having written sooner.
J'étais très content(e) d'avoir de tes nouvelles. – I was very happy to get your news.
Merci beaucoup pour le cadeau d'anniversaire. – Thanks a lot for the birthday present.
Tu es très gentil(le) de penser à moi. – You are very kind to think of me.
J'ai de la chance d'avoir un copain/une copine comme toi. – I am lucky to have a friend like you.
Parle-moi un peu de ton école/ta famille. – Tell me a little about your school/your family.
Je t'invite à venir chez moi pendant les vacances. – I am inviting you to come to my house during the holidays.

Comment va tout le monde chez toi? – How is everyone in your house?
Quand viendras-tu me voir? – When are you coming to see me?
J'irai te chercher à la gare. – I will pick you up at the station.
J'attends mon séjour en France avec impatience. – I can't wait for my stay in France.
Je regrette de ne pas pouvoir accepter ta gentille invitation. – I am sorry I'm not able to accept your kind invitation.
Je suis en train de passer mes examens. – I am in the middle of my exams.
Mon voyage de retour a été très agréable. – My return journey was very pleasant.
Je t'envoie une photo de . . . – I am sending you a photo of . . .
Je vais maintenant répondre à tes questions. – I am now going to answer your questions.
Quelques lignes seulement pour te dire que . . . – Just a few lines to tell you that . . .
Je t'écris pour te souhaiter un bon anniversaire/un joyeux Noël/bon voyage. – I am writing to wish you a happy birthday/happy Christmas/a pleasant journey.
Amuse-toi bien pendant les vacances. – Enjoy your holidays.
Je suis content(e)/désolé(e) de lire que . . . – I am happy/sad to read that . . .
Remercie tes parents de ma part. – Thank your parents from me.
Meilleures pensées à tout le monde. – Best wishes to everyone.
J'attends avec impatience ta prochaine lettre. – I am waiting impatiently for your next letter.
C'est tout pour le moment. – That's all for now.
J'espère recevoir bientôt de tes nouvelles. – I hope to hear from you soon.
Amitiés/Bons baisers/À bientôt – Best Wishes/Love/See you soon

✎ Now test yourself

Translate the following phrases.
1. Thanks a lot for your long letter.
2. Just a few lines to tell you that . . .
3. I am writing to wish you a happy Christmas.
4. I am inviting you to come to my house during the holidays.
5. Thank your parents from me.
6. I am sending you a photo of me and my friends.
7. Best wishes to everyone.
8. I am sorry I'm not able to accept your kind invitation.
9. I will pick you up at the station.
10. I hope to hear from you soon.

Past papers

2003 C (b)
Write a formal letter to *Monsieur le Gérant, Hôtel Clément, 21 boulevard Georges Pompidou, 42000 Saint-Etienne.*
   In the letter
– Say that you are going to France, with some friends, in early July.
– Say that you would like to book three rooms for two nights.
– Ask if breakfast is included in the price.
You are Seán/Sinéad O'Rourke, The Square, Thurles, Co. Tipperary.

2002 C (b)
Write a formal letter to *Monsieur le Gérant, Hotel St Georges, 5 rue Auger, 63000 Clermont-Ferrand.*
   In the letter
– Say that you would like to work in his hotel next summer.
– Say that you have experience of hotel work and you speak French well.
– Say that you will be available from 20 June until the end of August.
You are Patrick/Patricia McEvoy, O'Connell Street, Sligo.

2001 C (b)
Write a formal letter to the *Syndicat d'Initiative at 36 rue Pascale, 69000 Lyon.*
   In the letter
– Say that you are going to spend three weeks in Lyon and that you would like some information on the town.
– Say that you like cycling and ask if it is possible to rent a bike.
– Say that you intend to travel by train and ask where the railway is situated.
You are Kieran/Karen Duffy, Main Street, Ballina, Co. Mayo.

4. LISTENING COMPREHENSION (AURAL)

Percentage = 25%
Marks = 100
Time = 40 minutes

Introduction

The aural exam takes place in June immediately after the written exam. It lasts about 40 minutes and is worth a quarter of your total marks. You will hear a tape and answer questions on it in English (no marks will be given for answers in French). The tape is divided into five sections. The first four segments are usually interviews and conversations and are played three times: first right through, then in segments with pauses, and finally right through again. The final section usually consists of short radio news items and each item is played twice. The tape is the same tape as for the Honours paper but the questions are easier with many of them being multiple-choice.

Exam Tips

- The first thing you should do when you get the blue Ordinary Level paper is to read the instructions and the questions carefully. You will have five minutes to do this.
- Concentrate on the exam and note how many times each section will be played and where the pauses will be. Underline the important words so that you are sure you know what is being asked, e.g. Who? How many? Where?
- During the first playing don't write down anything, just listen.
- Don't try to understand everything – focus on what is being asked.

- Write down your answers during the second playing because this playing is broken into segments and the pauses will give you an indication of where the answer is.
- In the third playing check your answers. Remember in section five there will be only two playings.
- Never leave a blank on the exam paper. Many of the questions at Ordinary Level are MCQs (multiple-choice questions) so remember you always have at least a 25% chance of being correct and often an even higher chance if you use your common sense.
- Make sure that you write legibly. Many of the questions will only require one or two words as an answer.
- With MCQs make sure you only put one letter in the box provided. You will get no marks if you put down two letters, even if one is correct. If you make a mistake, cross it out completely and write your new answer clearly beside it.
- Listening comprehension is a skill that takes practice if you want to score highly. Take time to listen to the news on French radio and television, watch French films (most of them are subtitled) and practise as much as possible on past papers and tapes that accompany listening comprehension books.

There is certain vocabulary which you should revise before the aural exam. You should make sure you are familiar with basic vocabulary such as days, months, numbers, colours, weather and the time. However, it is also important to revise more difficult vocabulary relating to accidents, crimes, careers, advertisements, sport and entertainment.

Vocabulary

Les numéros et les quantités

un	1	*soixante et onze*	71
deux	2	*soixante-douze*	72
trois	3	*quatre-vingts*	80
quatre	4	*quatre-vingt-un*	81
cinq	5	*quatre-vingt-dix*	90
six	6	*cent*	100
sept	7	*cent un*	101
huit	8	*deux cents*	200
neuf	9	*deux cent un*	201
dix	10	*mille*	1,000
onze	11	*deux mille*	2,000
douze	12	*un million*	1,000,000
treize	13		
quatorze	14	*un quart*	1/4
quinze	15	*un tiers*	1/3
seize	16	*un demi / une moitié*	1/2
dix-sept	17	*trois-quarts*	3/4
dix-huit	18	*premier / première*	1st
dix-neuf	19	*deuxième*	2nd
vingt	20	*troisième*	3rd
vingt et un	21		
vingt-deux	22	*un peu*	a little
trente	30	*une douzaine*	a dozen
trente et un	31	*quelques*	a few
trente-deux	32	*une centaine*	about a hundred
quarante	40	*beaucoup de*	lots of
cinquante	50	*pour cent*	per cent
soixante	60	*une fois*	once
soixante-dix	70	*deux fois*	twice

✎ Now test yourself

1. 5
2. 12
3. 24
4. 77
5. 95
6. 1100
7. ¹/₃
8. a dozen
9. lots of
10. once

L'heure et les dates

Les jours de la semaine

lundi	Monday
mardi	Tuesday
mercredi	Wednesday
jeudi	Thursday
vendredi	Friday
samedi	Saturday
dimanche	Sunday

Les mois de l'année

janvier	January
février	February
mars	March
avril	April
mai	May
juin	June
juillet	July
août	August
septembre	September
octobre	October
novembre	November
décembre	December

Les saisons

hiver	winter
printemps	spring
été	summer
automne	autumn

L'heure

The French usually use the 24-hour clock.

Quelle heure est-il?	What time is it?
moins le quart	quarter to
et quart	quarter past
et demi(e)	half past
midi	midday
minuit	midnight
le jour	day
du matin	in the morning
du soir	in the evening
de l'après-midi	in the afternoon
la nuit	night
aujourd'hui	today
demain	tomorrow
hier	yesterday
tout de suite	right now
maintenant	now

la semaine dernière	last week
la semaine prochaine	next week
l'année prochaine	next year
le mois prochain	next month
il y a quelques jours	a few days ago
une quinzaine	a fortnight
de temps en temps	from time to time

✎ Now test yourself

1. Wednesday
2. February
3. August
4. spring
5. 2.45
6. 8.30
7. tomorrow
8. now
9. next week
10. a fortnight

Les Couleurs

blanc(he)	white
jaune	yellow
orange	orange
rose	pink
rouge	red
bleu(e)	blue
vert(e)	green
violet(te)	purple
brun(e)/marron	brown
noir(e)	black
gris(e)	grey
foncé(e)	dark
clair(e)	light

La Météo

Il fera beau.	It will be nice.
Il fera mauvais.	It will be bad.
Il fera chaud.	It will be hot.
Il fera froid.	It will be cold.
Il pleuvra.	It will rain.
Il gèlera.	It will freeze.
Il y aura de la neige.	It will snow.
Il y aura du soleil.	It will be sunny.
Il y aura du vent.	It will be windy.
Il y aura des nuages.	It will be cloudy.
Il y aura du brouillard.	It will be foggy.
Le ciel sera couvert.	It will be overcast.
mauvais temps	bad weather
beau temps	good weather
un orage	a storm
des éclaircies	clear spells
du verglas	black ice
du tonnerre	thunder
des averses	showers
un éclair	lightning
ensoleillé	sunny
pluvieux	rainy
nuageux	cloudy
brumeux	misty
nord	north
sud	south
est	east
ouest	west
le Midi	the south of France

Useful expressions

on prévoit	we forecast
pas un nuage	not a cloud
Le vent sera faible.	The wind will be light.
Le vent sera fort.	The wind will be strong.
dans le centre du pays	in the centre of the country
température minimale	minimum temperature
Les températures ne dépasseront pas . . .	Temperatures won't go beyond . . .
en moyenne	on average

Now test yourself

1. white
2. black
3. It will be hot.
4. It will be overcast.
5. a storm
6. cloudy
7. south
8. we forecast
9. The wind will be strong.
10. on average

Les Actualités

Les personnes

un roi	a king
une reine	a queen
le Premier ministre	the Prime Minister
le/la Président(e)	the President
un chef de parti	a party leader
homme/femme politique	a politician
les députés	members of parliament
le maire	the mayor
un avocat	a lawyer
un témoin	a witness
un voyou	a hooligan
un juge	a judge
un voleur	a robber/thief

une victime	a victim
les sans-abri	the homeless
les sans-domicile-fixe / les SDF	the homeless
les réfugiés	refugees
les pauvres	poor
les gens défavorisés	the underprivileged

La politique

une élection	an election
une ambassade	an embassy
la loi	the law
le parlement	the parliament
un État	a state
un parti	a party
de gauche	left-wing
de droite	right-wing

Les crimes

un vol à main armée	armed robbery
un cambriolage	a burglary
une attaque à main armée	a hold-up
un détournement	a hijacking
un meurtre	a murder
une agression	an attack
un attentat	a murder attempt
la délinquance	delinquency
le vandalisme	vandalism

Les problèmes

un incendie	a fire
un tremblement de terre	an earthquake
un séisme	an earthquake
l'échelle de Richter	the Richter scale
une grève	a strike
une noyade	a drowning
un ouragan	a hurricane
une avalanche	an avalanche
une inondation	a flood

une guerre	a war
une bagarre	a fight
une émeute	a riot
une manifestation	a demonstration
la drogue	drugs
l'alcool	alcohol
le Tiers-Monde	the Third World
une amende	a fine
la punition	punishment
à perpétuité	for life
les dégâts	damage
le naufrage	the shipwreck
la haine	hatred
le divorce	divorce
l'avortement	abortion
le chômage	unemployment
le Sida	Aids
la maladie	sickness/disease
la Croix Rouge	the Red Cross
Médecins Sans Frontières	Voluntary medical organisation
les essais nucléaires	nuclear tests
le recyclage	recycling
l'environnement	environment
les droits de l'homme	human rights

Les verbes

accuser de	to charge with
arrêter	to arrest
assassiner	to murder
blesser	to injure
cambrioler	to burgle
voler	to steal
condamner	to condemn
s'effondrer	to collapse
se noyer	to drown
sauver	to save

Les expressions

pour une raison inconnue	for an unknown cause
Une enquête est ouverte.	An inquiry has begun.
Un jeune a trouvé la mort.	A young person died.
On ignore les causes.	The causes are not known.
le bilan de la catastrophe	the final toll of the disaster
selon un sondage	according to a survey
prendre la fuite	to escape
des barrages routiers	roadblocks
des renseignements	information
il/elle portait	he/she was wearing

✎ Now test yourself

1. a witness
2. the homeless
3. an attack
4. an earthquake
5. a war
6. a fine
7. to drown
8. to steal
9. according to a survey
10. information

Les Accidents de la Route

Les verbes

conduire	to drive
s'arrêter	to stop
blesser	to injure
renverser/bouleverser	to knock down
tuer	to kill
heurter	to crash into
échapper	to escape
être blessé	to be injured

Les moyens de transport

un camion	a lorry
une camionnette	a van
une voiture / une auto	a car
un poids lourd	an articulated lorry
une moto	a motorbike
un car	a coach
un autobus	a bus
un taxi	a taxi
une remorque	a trailer
un avion	a plane
un bateau	a boat
un train	a train

Les endroits

les feux rouges	the traffic lights
le carrefour	the crossroads
le rond-point	the roundabout
la rue	the road
l'autoroute	the motorway
le trottoir	the pavement
le virage	the bend

Les personnes

le chauffeur	the driver
le piéton	the pedestrian

le blessé	the injured person
le routier	the truck driver
le gendarme/policier	the policeman
le/la mort(e)	the dead person
les pompiers	the fire brigade

Les expressions

être tué sur le coup	to be killed instantly
brûler un feu rouge	to go through a red light
être transporté à l'hôpital	to be brought to hospital
gravement/grièvement blessé	seriously injured
mortellement blessé	fatally injured
cent kilomètres à l'heure	100 km an hour
à toute vitesse	at full speed
en état d'ivresse	under the influence of alcohol
perdre le contrôle	to lose control
au volant	at the steering wheel
l'accident s'est produit	the accident happened

Now test yourself

1. to drive
2. to kill
3. an articulated lorry
4. the crossroads
5. a pedestrian
6. the fire brigade
7. seriously injured
8. at full speed
9. under the influence of alcohol
10. the accident happened

Le Sport

le Championnat du Monde	the World Championships
le Championnat d'Europe	the European Championships
les Jeux Olympiques	the Olympic Games
le tournoi des Six Nations	the Six Nations tournament

une médaille d'or	a gold medal
une médaille d'argent	a silver medal
L'Irlande a gagné.	Ireland won.
L'Angleterre a perdu.	England lost.
gagner par 3 buts à 2	to win by 3 goals to 2
s'entraîner	to train
La finale aura lieu . . .	The final will take place . . .
l'Irlande contre la France	Ireland against France
match nul	a draw
une prolongation	extra time
le maillot jaune	yellow jersey
un stade	a stadium
une équipe	a team
un titre mondial	a world title
le record du monde	the world record

Les Annonces

des soldes	the sales
une réduction de	a reduction of
un produit	a product
en cadeau/gratuit	free
il vous suffit	all you have to do
disponible	available
Découvrez...	Discover...
les marques	brands
en vente	for sale
un bon conseil	good advice
notre nouvelle collection	our new collection
Les prix sont imbattables.	The prices are unbeatable.
une bonne affaire	a bargain
prix à partir de	prices start from
Pourquoi hésiter?	Why hesitate?
Essayez...	Try...
une collection été/hiver	a summer/winter collection

Interviews

à mon avis	in my opinion
de temps en temps	from time to time
je pense	I think
je crois	I believe
je me souviens	I remember
Je me suis installé en France.	I settled in France.
C'est mon rêve.	It is my dream.
J'ai l'intention de...	I intend to...
Il n'y a rien de mieux.	There is nothing better.
un entretien avec	an interview with
Nous parlons avec...	We are talking to...
Que pensez-vous de...	What do you think of...
Racontez-nous...	Tell us...
mon enfance	my childhood
Ça me rappelle...	It reminds me of...
au contraire	quite the opposite
Ça m'est égal.	It's all the same to me.
félicitations	congratulations
bonne chance	good luck

✎ Now test yourself

1. a gold medal
2. Ireland won.
3. a world title
4. the sales
5. Prices are unbeatable.
6. available
7. in my opinion
8. I remember
9. my childhood
10. good luck

Le Travail

Les professions

un fonctionnaire	a civil servant
un ingénieur	an engineer
un architecte	an architect
un boulanger	a baker
un boucher	a butcher
un coiffeur	a hairdresser
un plombier	a plumber
un mécanicien	a mechanic
un agent de police / gendarme	a policeman
un soldat	a soldier
un fermier / agriculteur	a farmer
un marin	a sailor
un facteur	a postman
un pharmacien	a chemist
un gérant	a manager
un commerçant	a shopkeeper
un homme d'affaires	a businessman
une femme d'affaires	a businesswoman
un médecin	a doctor
un informaticien	a computer programmer
un ouvrier	a factory worker
un pompier	a fireman

un dentiste	a dentist
une hôtesse de l'air	an air hostess
un journaliste	a journalist
un vendeur	a salesman
un vétérinaire	a vet
un(e) secrétaire	a secretary
un mannequin	a model
une institutrice	a primary-school teacher
un professeur	a secondary-school teacher
un comptable	an accountant
une infirmière	a nurse
un avocat	a lawyer

Les verbes

embaucher	to employ
travailler	to work
gagner	to earn
être licencié	to be fired
poser sa candidature	to apply
payer	to pay
épargner	to save
emprunter	to borrow
perdre	to lose
dépenser	to spend

Les expressions

la période de pointe	busy period
travailler à temps partiel	to work part-time
être au chômage	to be unemployed
être travailleur indépendant	to be self-employed
avoir un petit boulot	to have a part-time job
la crise économique	the economic crisis
la journée de travail	the working day
la semaine de 35 heures	the 35-hour working week
le jour férié	public holiday
l'allocation chômage	unemployment benefit
le taux de chômage	unemployment rate
toucher un chèque	to receive a cheque

toucher un salaire	to earn a salary
la BNP	la Banque Nationale de Paris
le compte bancaire	bank account
le Ministère du Travail	the Department of Labour
la Bourse	Stock Exchange
une bourse	a grant

🔊 Now test yourself

1. a hairdresser
2. a farmer
3. a businessman
4. a salesman
5. to employ
6. to be fired
7. to work part-time
8. the working day
9. unemployment benefit
10. a grant

Le Divertissement

une émission	a programme
les informations	the news
les dessins animés	cartoons
les feuilletons	soap operas
les spots publicitaires	advertisements
un film policier	a thriller
un film sous-titré	a subtitled film
un film d'épouvante	a horror
les petites annonces	small ads
un film comique	a comedy
une chanson	a song
les paroles	the words
un roman	a novel
une pièce	a play
un concert	a concert

la chaîne	the channel
l'abonnement	subscription
le magnétoscope	video recorder
les médias	the media
l'ordinateur	computer
le téléphone mobile / portable	mobile phone
l'internet	internet
un lecteur CD	a CD player
les Césars	French equivalent of the Oscars

Les personnes

un romancier	a novelist
un chanteur	a singer
un acteur / une actrice	an actor
un poète	a poet
un écrivain	a writer
un/e sportif(ve)	a sportsperson
les auditeurs	the listeners
les spectateurs	the spectators
le / la présentateur(trice)	the presenter/newsreader

Les verbes

écrire	to write
dessiner	to draw
jouer le rôle de	to play the part of
faire du théâtre / cinéma	to act
enregistrer	to record
écouter	to listen
répéter	to rehearse
diffuser	to broadcast
regarder	to watch
être célèbre	to be famous
être connu	to be known

🔊 Now test yourself

1. a programme
2. the news
3. a song
4. a thriller
5. a computer
6. a novelist
7. the listeners
8. to write
9. to broadcast
10. to be famous

Past Papers

Play the CDs of the Leaving Certificate listening comprehension tests for 2005, 2004, 2003, 2002 and 2001 and answer the following questions.

2005
Section I

You will hear an interview with Julien, one of the contestants in the competition '*Nouvelle Star*', the French equivalent of Pop Idol.

You will hear the interview **three times**: first right through, then in **three segments** with pauses and finally right through again.

TRACK 1

1. Before taking part in the programme, Julien worked
    (a) in a shop.
    (b) as a cook. *[B]*
    (c) as a producer.
    (d) on television.

2. (i) How old was Julien when he did his first concert? *25*
   (ii) Name one outdoor activity that Julien enjoys.

3. Julien says he is:
   (a) studious.
   (b) friendly.
   (c) shy.
   (d) romantic.

Section II

French footballer Thierry Henri answers questions posed by a journalist from '*Aujourd'hui en France*'.

You will hear the interview **three times**: first right through, then in **four segments** with pauses and finally right through again.

TRACK 2

1. Write down one value Thierry Henri has with regard to football.

2. If Thierry Henri was five minutes late coming home from school, his father would
   (a) telephone the school.
   (b) look everywhere for him.
   (c) contact the police.
   (d) do nothing.

   [A]

3. When in London, Thierry Henri likes to go to which type of restaurant?
   (a) English.
   (b) Chinese.
   (c) Spanish.
   (d) Italian.

   [D]

4. Thierry Henri says his wife has taught him
   (a) to cook.
   (b) to be more tolerant.
   (c) to appreciate art.
   (d) to relax.

   [B]

Section III

Xavier, Franck and Robert are asked to say what was the most memorable moment in their life as a father.

You will hear the material **three times**: first right through, then in **three segments** with pauses and finally right through again.

TRACK 3

1. Xavier's relationship with his son was
    (a) exciting.
    (b) boring.
    (c) fragile.
    (d) rewarding.

TRACK 4

2. That evening, she
    (a) told him all about her day.
    (b) told him nothing about the day.
    (c) was sad.
    (d) was tired.

TRACK 5

3. Robert thought his daughter had grown up when
    (a) she went to school.
    (b) she got a job.
    (c) she drove a car on her own.
    (d) she cycled a bicycle on her own.

Section IV

Marie-France has a problem and phones her older brother Antoine about it.

You will hear the conversation **three times**: first right through, then in **four segments** with pauses and finally right through again.

TRACK 6

1. This morning Marie-France
    (a) got up early.
    (b) had an accident.
    (c) had an argument with her mother.
    (d) learned she had got a place in university.

2. Marie-France wanted to travel
    (a) by bus.
    (b) by car.
    (c) by boat.
    (d) by train.

3. How did Antoine go to university for the first time?

4. According to Antoine, Marie-France is
   (a) happy.
   (b) sad.
   (c) selfish.
   (d) lonely.

Section V

You will now hear each of **three** news items **twice**.

TRACK 7

1. (i) How many passengers were on the train?
   (ii) The passengers
        (a) remained on the train.
        (b) panicked.
        (c) were taken off the train.
        (d) were hungry.

TRACK 8

2. These statistics apply to
   (a) bottles of water.
   (b) bottles of whiskey.
   (c) bottles of wine.
   (d) bottles of coke.

TRACK 9

3. Which of the following items will no longer be sold in French schools?
   (a) fruit.
   (b) biscuits.
   (c) cheese.
   (d) sweets.

2005 CD Script

CD track 1

Julien que faisais-tu avant de participer à l'émission?

Je faisais des sessions studio pendant **lesquelles** je chantais sur des productions pour d'autres chanteurs. Mais, pour gagner un peu d'argent **supplémemtaire**, j'ai fait **plein** de **petits boulots** comme **cuisinier, serveur, pompiste**.

Quel est ton univers musical, et as-tu d'autres passions?

J'ai commencé par **étudier** le piano, mais je me suis **aussitôt** découvert une forte **envie** de chanter. J'ai fait mon premier concert à l'âge de onze ans, à Genève. Petit à petit, j'ai commencé à chanter avec des orchestres, avant de **me lancer** en solo à vingt-cinq ans. À part la musique, j'adore **m'évader** à la mer ou à la montagne, **faire de la voile** ou de **la chasse**.

Quels sont les trois adjectifs qui te qualifient le mieux?

Je dirais **généreux, spontané** et timide. Et j'ai aussi une **voix** qui **se prête** à beaucoup de choses.

CD track 2

Thierry Henry, quelle est ta **devise**?

Dans la vie, le respect. Quand je vois quelqu'un qui **ne tient pas la porte** à une autre personne, **ça me fâche**. Dans le foot, n'être jamais satisfait. Même si, dans un match, **je mettais quatre buts**, mon père disait: 'Tiens, à la soixante-dixième minute, t'as **raté** un centre'. Ça m'a toujours **poussé** à progresser.

Tu es originaire de la **banlieue**. Quels **conseils** donnerais-tu à un jeune de banlieue qui veut réussir dans le foot?

Moi, j'ai eu la chance d'avoir des parents qui m'ont toujours **soutenu** et suivi. Si jamais je rentrais cinq minutes en retard de l'école, mon père me cherchait partout. Mais même sans ça, **je conseillerais** aux jeunes qui veulent réussir de travailler et **d'en avoir vraiment envie**.

Quels **endroits** fréquentes-tu à Londres?

Les petits restaurants italiens, français, japonais. On mange super bien à Londres. Si tu me proposes de manger **vite** et d'aller en boîte ensuite, ou de passer quatre heures dans un restaurant avec des copains à **rigoler**, je choisis la deuxième option.

Ta femme, est-elle ta première supportrice?

Oui, elle m'apporte la **sagesse**, **un équilibre supplémentaire**, elle m'apprend à être plus tolérant avec les gens. Elle m'a ouvert les yeux sur **pas mal de choses**.

CD track 3
Xavier

Pour moi c'etait la naissance de notre premier enfant. Je ne saurais exprimer l'intensité de l'amour que j'ai ressenti à ce moment-là. Pour moi, mon bébé était l'être le plus fragile au monde, et je n'avais qu'une envie: la prendre dans mes bras pour toute ma vie. La relation avec mon fils, une fois rentré à la maison, a tout de suite été passionnante. J'ai toujours été **agacé** par les parents qui voient leur bébé comme un inconvénient, comme une **chose dont on doit s'occuper**. À mon avis, **élever** son enfant, c'est plutôt un rôle très enrichissant.

CD track 4
Franck

Je n'oublierai jamais le jour où ma fille est allée à l'école pour la première fois. **Il faut comprendre** que moi, j'ai toujours détesté l'école. Et voilà que **tout d'un coup**, je lui racontais que c'était absolument génial! Je lui ai expliqué qu'elle allait apprendre des tas de choses passionnantes. Mais, en fait, j'avais l'impression de l'abandonner dans la jungle. Le soir, quand elle est rentrée, elle avait l'air contente, mais elle n'a rien voulu raconter de sa journée. C'était terriblement **frustrant**!

CD track 5
Robert

Le moment le plus mémorable dans ma vie de papa, c'était le jour où j'ai appris que j'allais être grand-père pour la première fois. **J'ai ressenti** une multitude d'émotions. Tout d'abord, je me suis dit que ma fille était devenue grande! Mais ce n'était pas la première fois que je me faisais cette réflexion. J'avais déjà pensé la même chose lorsqu'elle avait dit ses premiers mots, fait ses premiers pas, ou **réussi à tenir sur un vélo toute seule** pour la première fois.

CD track 6

Allo? Antoine?

Salut Marie-France! Ça va?

Oh, tu sais, ...

Qu'est-ce qui se passe?

Je me suis disputée avec maman ce matin.

Ah bon? À quel sujet?

Tu sais que j'ai une place à l'université de Montpellier pour septembre?

Oui, oui, je sais.

Bien, je pensais partir seule en train la semaine prochaine. Comme ça j'aurais largement le temps de **m'installer** dans ma chambre, de découvir un peu la ville. Mais maman insiste pour m'accompagner en voiture.

Mais je ne vois pas le problème. C'est pas plus facile en voiture?

C'est pas ça. C'est que c'est le **début** de ma vie adulte et je ne veux pas que ma mère m'accompagne comme un enfant. Tu comprends mon problème?

J'allais te demander de parler à maman – comme tu es l'âiné de la famille je sais qu'elle respecte ton opinion.

Écoute, quand moi je suis parti à la fac, j'étais ravi quand maman a proposé de m'y amener en voiture avec tous mes bagages.

Ne sois pas comme ça, je croyais que tu comprendrais. C'est **pénible** d'arriver à la fac avec sa mère, tu trouves pas?

Mais pas du tout! Il y a toujours beaucoup d'autres parents la première semaine. Et en plus, si tu veux mon avis, je te trouve un peu égoïste – as tu pensé que ça ne va pas être facile pour maman? **Tu vas lui manquer.** Tu es la cadette de la famille. Après ton départ il n'y aura plus d'enfants à la maison. Nous serons tous partis. Écoute, laisse-la te conduire à Montpellier. Quand elle sera partie, tu auras toute l'indépendance que tu voudras!

C'est vrai que je n'avais pas pensé à tout ça. **Tu as raison**, comme toujours.
Eh bien, bonne route et bonne chance pour ta nouvelle vie.

CD track 7

1. **Grosse frayeur** pour les 150 voyageurs du Paris–Cherbourg, jeudi soir. Alors que le train est entré en gare de Lisieux, vers vingt heures, les techniciens de

la SNCF ont remarqué qu'une fumée suspecte sortait des équipements électriques de la locomotive. Le train a aussitôt été immobilisé, et tout les voyageurs ont été evacués.

CD track 8

2. Les Français sont les deuxièmes plus grands **buveurs d'eau** en bouteilles du monde (derrière les Italiens) avec 141 litres par an et par habitant.

CD track 9

3. **Privés de pause-bonbons.** Collégiens et lycéens peuvent dire adieu au distributeur automatique de la cour d'école. Les députés ont voté jeudi **l'interdiction** des distributeurs de confiseries et de sodas présents dans 40% **des établissements scolaires**.

2004
Section I

Christophe meets his friend Isabelle in a café on Saturday afternoon for a chat.

You will hear the interview **three times**: first right through, then in **three segments** with pauses and finally right through again.

TRACK 10

1. This morning Isabelle
    (a) had an accident.
    (b) had a bad experience.
    (c) had a headache.
    (d) had a toothache.

2. Isabelle wished to buy a gift for her father's birthday. She wished to buy
    (a) a watch.
    (b) a keyring.
    (c) a pen.
    (d) a wallet.

3. According to Christophe, Isabelle should ask to see
   (a) the shop assistant.
   (b) the owner of the shop.
   (c) the police.
   (d) her father.

Section II

A French estate agent talks about foreigners buying property in France.

You will hear the interview **three times**: first right through, then in **four segments** with pauses and finally right through again.

TRACK 11

1. The foreigners who buy most property in the North-East of France are
   (a) Belgian.
   (b) German.
   (c) Dutch.
   (d) Austrian.

2. The number of British people buying property in France has increased by what percentage since 1994?

3. In Basse Normandie they are about to open
   (a) an English school.
   (b) an English market.
   (c) an English travel agency.
   (d) an English restaurant.

4. The population now consists of
   (a) more single people.
   (b) fewer single people.
   (c) more retired people.
   (d) fewer retired people.

Section III

Four people who accompanied the French delegation to the Special Olympic Games in Dublin talk about the experience.

You will hear the interview **three times**: first right through, then in **four segments** with pauses and finally right through again.

TRACK 12

1. ***Jean-Paul (judo coach)***
    (i) Mention one element of the Special Olympics that appealed to Jean-Paul.
    (ii) Jean-Paul recalls especially
    (a) the bad weather.
    (b) the athletes.
    (c) the opening ceremony.
    (d) the closing ceremony.

TRACK 13

2. ***Rosaline (mother of Frédéric, a participant)***
Special Olympics allowed Frédéric to
    (a) celebrate with others.
    (b) play basketball.
    (c) live in an institution.
    (d) spend time alone.

TRACK 14

3. ***Marc (volunteer)***
Marc was involved in the Special Olympics through
    (a) his family.
    (b) his friends
    (c) his golf-club.
    (d) his business.

TRACK 15

4. ***Louise (interpreter)***
According to Louise, the most difficult aspect was
    (a) leaving at the end.
    (b) the French delegation.
    (c) the competition.
    (d) the distances to travel.

Section IV

Françoise Garnier speaks to political scientist Paul Ariès about the U.N. Convention on the Rights of the Child.

You will hear the interview **three times**: first right through, then in **four segments** with pauses and finally right through again.

TRACK 16

1. Name the two countries which have not ratified the U.N. Convention on the Rights of the Child.

2. In France, up to what age may a young person demand that his parents provide for his needs?

3. According to this section, the child has a right to
   (a) food.
   (b) money.
   (c) health.
   (d) housing.

4. According to Paul
   (a) we have reached an ideal situation.
   (b) we are far from an ideal situation.
   (c) an ideal situation is impossible.
   (d) the Convention is unreal.

Section V

TRACK 17

You will now hear each of **three** news items **twice**.

1. The decrease in the grape harvest was due to
   (a) rain.
   (b) frost.
   (c) snow.
   (d) wind.

TRACK 18

2. The number of subscriptions for broadband received each week by Internet service providers is
   (a) 500,000.
   (b) 5,000.
   (c) 50,000.
   (d) 5,500.

3. Who rescued the two children?   **TRACK 19**
   (a) The neighbours.
   (b) The ambulance service.
   (c) The policeman.
   (d) The firemen.

2004 CD Script

TRACK 10

Christophe: Salut Isabelle! Dis donc, ça va? Tu es toute **pâle**!

Isabelle: Non, ça ne va pas **vraiment**, Christophe. Je suis toujours sous le **choc** de ce qui m'est arrivé ce matin.

Christophe: Quoi? T'as eu un accident?

Isabelle: Non, non pas du tout. Non, mais j'ai eu une très **mauvaise** expérience dans un magasin.

Christophe: Qu'est-ce qui s'est passé?

Isabelle: Ben, je voulais acheter **un cadeau** pour papa – c'est son anniversaire **demain** – et j'ai décidé de lui acheter **un portefeuille**. Alors je suis entrée dans la **maroquinerie** rue Voltaire, tu connais?

Christophe: Oui, oui, je connais très bien ce magasin.

Isabelle: Alors, j'étais en train de regarder les portefeuilles quand j'ai réalisé que j'avais **oublié** de passer à la banque pour **prendre de l'argent** et j'étais sur le point de **quitter** le magasin quand un employé **s'est approché** de moi et m'a demandé de la **suivre**.

Christophe: Pourquoi il t'a demandé ça?

Isabelle: **Il paraît** qu'il me **soupçonnait** d'avoir volé **quelque chose**. J'ai dû le suivre dans petit bureau où il y avait une autre employée qui m'a demandé d'ouvrir mon sac. Ils n'ont rien trouvé, bien sûr.

Christophe: Il s'est excusé, le **type**?

Isabelle: Oui . . . et il m'a expliqué que je sortais **à peine** une minute après être entrée dans le magasin et que j'avais l'air très **pressée**.

Christophe: Mais ce n'est pas **une raison**! C'est scandaleux, cette histoire! Écoute, Isabelle, à mon avis tu devrais y rentrer tout de suite et demander à voir le patron.

Isabelle: Tu crois?

Christophe: Absolument . . . allez, on y va tous les deux, **d'accord**?

TRACK 11

Aujourd'hui, les français ne sont pas les **seuls** à **rechercher** leur **coin de paradis** entre les quatre murs d'une vieille ferme. Nos voisins européens trouvent aussi dans **l'Hexagone** des campagnes **moins peuplées** et, surtout, moins chères que dans leurs pays d'origine. Les **Allemands** se concentrent dans le Nord-Est et dans le Sud-Est, et les **Néerlandais** dans le Centre, en Bourgogne et dans le Sud.

Les Britanniques, eux, couvrent tout le territoire et en 2000, ils représentaient un quart des acquéreurs étrangers en France – **en hausse** de 13% depuis 1994.

En Basse Normandie, **en dehors** des grandes villes, 30% des maisons sont achetées par des Anglais aujourd'hui. Le **phénomène** prend une **telle ampleur** qu'une commune va bientôt ouvrir une école **anglophone**. Et le marché est tellement dynamique que des **étrangers** s'installent en France pour ouvrir des **agences immobilières**!

On **remarque** aussi que la population qui constitue cette nouvelle immigration **évolue**. On voit moins de **retraités**, plus de jeunes **ménages** avec enfants **en bas âge**. Et, de plus en plus, ils font de leur **résidence secondaire** une **résidence principale**.

TRACK 12

Comment décrire la qualité des installations sportives, le climat **chaleureux** et l'organisation **scrupuleuse** et **efficace**! Entrer dans un stade pour la cérémonie d'ouverture devant 75 000 **spectateurs** restera **gravé** dans ma mémoire et dans **celle** de tous nos sportifs présents.

TRACK 13

Frédéric n'étant pas dans une institution, il n'a accès à **aucune activité sportive**. Special Olympics lui a donné l'opportunité de **vivre de grands moments d'émotion** avec d'autres personnes, et je sais que ça a été quelque chose d'extraordinaire pour lui.

TRACK 14

Notre entreprise **souhaitait** soutenir Special Olympics en encourageant nos employés à participer **en tant que bénévoles** lors de ces **jeux** à Dublin. Se retrouver tous ensemble, tous **milieux confondus** et sans **hiérarchie**, pour **une même cause**, a été pour moi une expérience **inoubliable**.

TRACK 15

J'ai passé 15 jours avec la délégation française. Ce que j'ai trouvé très bien, c'était que chaque sportif, quelle que soit sa performance, gagne quelque chose. Mais quelle **tristesse** de les quitter tous à la fin! C'était **affreux**!

TRACK 16

L'ONU a adopté la Convention internationale des droits de l'enfant le 20 novembre 1989. Elle a été ratifiée par 190 pays, à l'exception des États-Unis et de **la Somalie**. Mais cet accord n'a pas vraiment **amélioré** la situation des enfants partout dans le monde. Paul Ariès, expliquez-nous pourquoi.

La Convention internationale de 1989 a révolutionné notre vision de l'enfant. Il a **désormais** des droits face aux adultes. Par exemple, en France, un jeune peut, jusqu'à 25 ans, **exiger** que ses parents **pourvoient** à ses **besoins**. En Allemagne, des **ados** ont **intenté un procès à leurs parents** sous prétexte qu'ils entraient dans leur chambre et **fouillaient** dans leurs affaires. Cet exemple paraît extrême, peut-être, mais il prouve à quel point les mentalités et les droits ont évolué en Europe.

Mais dans les pays du **tiers-monde**, la situation est bien différente, n'est-ce pas?

Oui, c'est vrai! Dans les textes de la Convention, par exemple, l'enfant a droit à la **santé**. Mais si les médicaments génériques ne sont pas vendus dans ces pays, peut-on considérer que les droits de ces enfants sont respectés? Prenez un autre droit . . . celui au **jeu** et aux loisirs. Le problème là, c'est que la Convention n'**interdit** pas l'**enrôlement** dans les armées à de 15 ans. Résultat, le nombre d'enfants soldats ne **diminue** pas.

Alors on voit bien que la réalité est bien **éloignée** de la situation idéale des textes de la Convention et c'est clair qu'il nous reste encore **beaucoup de chemin à parcourir** avant de considérer que tous les enfants **naissent** et demeurent **égaux** en droits.

Merci, Paul.

TRACK 17

Après le **gel** et la **canicule**, **la récolte** du Beaujolais nouveau sera, selon les producteurs, **en baisse de 40% par rapport** aux années passées. On évoque même un risque de **pénurie**.

TRACK 18

Les **ventes d'abonnements** à l'internet à haut dédit explosent: 50 000 personnes y **souscrivent** chaque semaine et les **fournisseurs** ont du mal à répondre à la demande.

TRACK 19

Pris de panique quand un **incendie** a **ravagé** leur immeuble dans le centre de Morlaix, le père et la mère de Pauline, 4 mois et Thomas, 2 ans, les ont littéralement **jetés** par la fenêtre, au lieu d'attendre l'arrivée des **pompiers**. Fort heureusement, deux policiers les ont récupérés **sains et saufs** dans leurs bras.

2003
Section I

Catherine Laborde, who presents the weather forecast on the French TV channel TF1, talks about her job.

You will hear the interview **three times**: first right through, then in **three segments** with pauses and finally, right through again.

TRACK 20

1. Catherine has been working for TF1 for
    (a) 3 years.
    (b) 3 months.
    (c) 13 months.
    (d) 13 years.

2. The weather forecast is the TV programme which is
    (a) most frequently watched.
    (b) rarely watched.
    (c) never watched.
    (d) least frequently watched.

3. Catherine would not like to present the news because news items are
    (a) boring.
    (b) sad.
    (c) frightening.
    (d) irrelevant.

Section II

The Principal of a French secondary school explains the system of 'École Ouverte', where schools remain open outside of normal operating times.

The material will be played **three times**: first right through, then in **four segments** with pauses and finally, right through again.

TRACK 21

1. According to the Principal
   (a) all young people living in an area are welcome to participate.
   (b) pupils who attend the school during the school year participate.
   (c) pupils must pay for the activities.
   (d) pupils must sign that they will abide by the rules.

2. Give **one** example of an activity that is mentioned.

3. Few teachers participate because
   (a) they prefer to go abroad.
   (b) the hours are too long.
   (c) they are correcting examinations.
   (d) they are only paid 11 euros an hour.

4. (i) Émine lives in
      (a) Biarritz.
      (b) Toulouse.
      (c) Paris.
      (d) Tours.

   (ii) Émine considers that teachers in the École Ouverte
      (a) can enjoy themselves.
      (b) can be very serious.
      (c) can be very strict.
      (d) can be very demanding.

Section III

Laurent Jalabert, a professional cyclist for fourteen years, answers questions about his retirement from cycling.
 The material will be played **three times**: first right through, then in **four segments** with pauses and finally, right through again.

TRACK 22

1. One of Laurent's reasons for retiring is that
   (a) he is afraid of further injuries.
   (b) the family has moved house.
   (c) he misses his children.
   (d) competition has become too intense.

2. In which month did Laurent Jalabert make his decision?

3. Laurent Jalabert says that
   - (a) success has gone to his head.
   - (b) he was never successful.
   - (c) he has lost interest in cycling.
   - (d) he has remained down to earth.

4. In the future Laurent hopes to work with
   - (a) young people.
   - (b) retired people.
   - (c) immigrants.
   - (d) the national team.

Section IV

Madame Vallet meets her son Marc, at a railway station in Northern France, on his return from three weeks' holidays in Nice.

The material will be played **three times**: first right through, then in **four segments** with pauses and finally, right through again.

TRACK 23

1. While on holiday, Marc spent his afternoons
   - (a) at the cinema.
   - (b) in the park.
   - (c) at the beach.
   - (d) in the sports centre.

2. (i) Madame Vallet says that her studio is
   - (a) near the metro.
   - (b) near the church.
   - (c) near the Opéra.
   - (d) near the train station.

   (ii) Name **one** activity Madame Vallet hopes to enjoy in Paris.

3. The studio cost
   - (a) 160,000€
   - (b) 120,000€
   - (c) 100,000€
   - (d) 140,000€

4. According to Madame Vallet, Marc's friends will be able to make use of the studio when they come to Paris
   (a) for work.
   (b) to study.
   (c) on holidays.
   (d) for matches.

Section V

You will now hear each of **three** radio news **twice**.

TRACK 24

1. The vehicle was damaged by
   (a) floods.
   (b) fire.
   (c) a fallen tree.
   (d) another vehicle.

TRACK 25

2. The strike has lasted almost
   (a) 12 days.
   (b) 2 weeks.
   (c) 2 months.
   (d) 6 months.

TRACK 26

3. George Michael will compose the official song for
   (a) the World Cup.
   (b) European Youth Day celebrations.
   (c) the Olympic Games.
   (d) the Eurovision Song Contest.

2003 CD Script

TRACK 20

Journaliste: Catherine Laborde, quand avez-vous commencé à présenter la météo à la télévision?

Catherine: Ça fait treize ans que je suis à TF1. Ma sœur, Françoise, travaillait là et c'est elle qui m'a dit qu'ils cherchaient quelqu'un pour présenter la météo. Il faut dire que j'ai eu de la chance: j'aime beaucoup mon travail.

Journaliste: Avez-vous conscience de l'importance qu'a prise la météo?

Catherine:	Oui. C'est vrai que c'est le programme le plus regardé à la télévision, celui qui **attire** l'audience la plus importante. Il concerne toutes les catégories de la population, tous les âges de la vie et tous les continents. C'est quand même **suprenant** que l'on parle plus de ma **coiffure** ou de la façon dont je suis habillée que des erreurs de Météo France.
Journaliste:	Vous n'auriez pas préféré présenter le journal?
Catherine:	Ah, non! Le métier de journaliste est tout à fait différent. Lui, il est là pour transmettre les nouvelles qu'il a apprises – pour dire les **faits divers** souvent **tristes** et tragiques. Nous, nous ne sommes pas là pour annoncer le temps qu'il fait, mais pour parler du temps qu'il va faire, pour **announcer les prévisions**.

TRACK 21

Journaliste:	Monsieur le Directeur, voulez-vous expliquer le principe sur lequel l'opération 'École Ouverte' est fondée?
M. le Directeur:	C'est un principe simple – 'École Ouverte', comme son nom l'indique, consiste à ouvrir les portes des établissement scolaires au-delà des **heures de cours**, et **surtout** pendant les vacances, aux élèves qui fréquentent ces écoles tout au long de l'année. L'école propose **gratuitement** des activités variées.
Journaliste:	Quelles sont ces activités?
M. le Directeur:	Les activités varient **selon** les établissements, alliant **soutien scolaire**, sorties culturelles, jeux, arts plastiques. Sur le plan scolaire, il faut dire que les effets restent limités à cause du **manque de personnel**.
Journaliste:	Et alors, qui organise ces activités?
M. de Directeur:	Pour la plupart, ce sont des animateurs recrutés pour l'occasion. Il n'y pas assez d'enseignants. À la fin de l'année scolaire, ils éprouvent le besoin de se reposer plutôt que de revenir dans le collège. Et ce n'est pas la **rémunération** proposée, autour de 11 euros l'heure, qui peut les attirer.

Journaliste: Je vous remercie, Monsieur. Maintenant on va écouter Émine, 15 ans, qui habite Tours, et qui pendant l'été profite de l'école ouverte dans son collège.

Émine: Au cours de l'année, on croit que les profs ne sont pas sympas, mais à l'école ouverte, on voit qu'ils peuvent l'être. Ils nous ont montré qu'ils peuvent s'amuser et qu'ils ont beaucoup d'amour pour les élèves.

TRACK 22

Journaliste: Laurent Jalabert, aprés 14 années de professionnalisme, pourquoi avez-vous décidé de prendre votre retraite du cyclisme?

L.J.: J'ai envie de trouver plus de calme dans ma vie. J'ai aussi quatre enfants que j'aime beaucoup et **qui me manquent** trop aujourd'hui. J'avais envisagé d'annoncer cette prochaine retraite juste avant le **début** du Tour de France, mais j'avais peur que cela soit **mal interprété** à cause de mes blessures. En plus, c'était important de montrer que j'étais motivé pour ce Tour de France.

Journaliste: Quand avez-vous donc pris la décision de prendre votre retraite?

L.J.: Je l'ai prise après le Grand Prix du Midi-Libre – **fin mai**. Je veux m'arrêter en étant un coureur respecté et respectable.

Journaliste: Quel est votre plus grand souvenir?

L.J.: Je ne peux pas citer un grand souvenir. Il y en a trop pour en sortir un. Mais ma plus grande **fierté**, c'est que l'on dit que je suis resté simple **malgré** la réussite.

Journaliste: Qu'est-ce que vous envisagez pour l'avenir?

L.J.: **Je n'ai rien de précis en tête**. Mais en tout cas, je n'envisage pas une carrière de directeur sportif. Je voudrais travailler avec les jeunes. Je pense avoir acquis une énorme expérience pratique que je voudrais maintenant partager avec eux.

TRACK 23

Mme Valet: Bonjour mon chéri! Tu as fait un bon voyage?

Marc: Ouais, pas trop mal. Mais je suis **crevé**. On est sortis hier soir comme c'était ma dernière nuit là-bas.

Mme Valet: Ah! Et tu as eu du beau temps? Tu es allé à la plage?

Marc: Oui, il a fait beau. On est allés à la plage tous les après-midi, et à la piscine le matin. **Je suis dégoûté que** les vacances soient déjà finies.

Marc: Et toi, **quoi de neuf?**

Mme Valet: Et bien, à vrai dire pas grand-chose. Si ce n'est que j'ai acheté un studio à Paris.

Marc: Quoi? T'as acheté quoi?

Mme Valet: Un studio à Paris. Dans le quinzième. C'est très bien **orienté**, (et c'est) bien placé, pas loin des commerces et du métro.

Marc: Et tu peux me dire à quoi ça va te sevir? Qu'est-ce que tu vas faire d'un appartement, et à Paris en plus?

Mme Valet: Marc, comprends-moi. Je **m'ennuie** à Lancourt surtout en hiver. C'est trop petit; **il n'y a rien à faire**. Et tu sais l'histoire avec les **voisins**. À Paris, je pourrai voir les expositions, visiter les musées, continuer à **peindre**.

Marc: Super! Et combien ça t'a coûté cette histoire?

Mme Valet: Voyons, Marc. Je n'ai pas l'habitude de jeter l'argent par les fenêtres, tu le sais bien. En fait, j'ai eu le studio pour 120 000 euros. C'est pas **neuf** mais je vais demander à Michel de nous donner **un coup de main** pour les **travaux**.

Marc: Les travaux! Et on peut savoir ce qu'il y a à faire dans ce studio?

Mme Valet: Oh, **quelques broutilles!** Repeindre le **plafond**, remplacer les fenêtres, installer une douche, un petit coin cuisine. Mais ça sera super après ça. Tu peux déjà prévenir tes amis qu'ils vont bientôt pouvoir venir passer leurs vacances à Paris. Ça va être super!

Marc: Super! Merci beaucoup Maman! Et je sens qu'ils vont être ravis de venir t'aider à faire les rénovations.

Mme Valet: Ne t'inquiète pas, Marc. Tu vas changer d'avis en voyant l'endroit. Tu vas l'adorer.

TRACK 24

Une équipe de rugby venue d'Italie a eu une mauvaise surprise quand les joueurs ont voulu remonter dans leur **car** après un match à Digne hier. Des **malfaiteurs** avaient **mis le feu** à leur car. Le véhicule a brûlé ainsi que les bagages personnels de toute l'équipe.

TRACK 25

Une cinquantaine d'employés de l'entreprise NOTAL risquent de **perdre** leur travail cette semaine si trois collègues ne mettent pas fin à leur grève qui **dure** depuis bientôt deux mois. Les **grévistes** réclament un supplément de salaire de 10 euros de l'heure quand ils travaillent un **jour férié**.

TRACK 26

George Michael va composer le chant officiel des Jeux Olympiques d'Athènes de 2004. Il **compte** le dédier à son père qui est né en Grèce. Le musicien a déclaré qu'il était sûr qu'à l'annonce d'une telle nouvelle, son père sera très **fier** de lui.

2002
Section I

Michelle's son Benoît has just come back from a language improvement course in England.

You will hear the interview **three times**: first right through, then in **three segments** with pauses and finally, right through again.

TRACK 27

1. What problem had the French group on arrival in England?
    - (a) lost luggage.
    - (b) delay caused by security alert.
    - (c) some host families not present.
    - (d) baggage-handlers' strike.

2. Benoît went to his language class
    - (a) on foot.
    - (b) by bicycle.
    - (c) by bus.
    - (d) by train.

3. Name **one** aspect of his stay in England which Benoît enjoyed.

Section II

Jacques Maillot has just sold his business. He was a tour operator but finds that there are problems in this sector.

The material will be played **three times**: first right through, then in **three segments** with pauses and finally, right through again.

TRACK 28

1. French tour operators are finding it hard to make money because
   (a) French people prefer to holiday in France.
   (b) consumers are unwilling to pay a fair price.
   (c) business-class passengers prefer the TGV.
   (d) camping and caravanning are more popular.

2. (i) Consumers object to paying for the increased cost of
   (a) security.
   (b) aviation fuel.
   (c) in-flight entertainment.
   (d) extra staff.

   (ii) Which ticket sales are doing best?
   (a) early season.
   (b) mid-season.
   (c) package tours.
   (d) last minute.

3. What remedy is proposed here?
   (a) low-cost airlines.
   (b) larger aircraft.
   (c) fewer flights.
   (d) trade union co-operation.

Section III

You will now hear an interview with Odile Mougeotte, a French sociologist. She has been researching the effects of the recently introduced 35-hour working week.

The material will be played **three times**: first right through, then in **four segments** with pauses and finally, right through again.

TRACK 29

1. This report deals with
   (a) time at work.
   (b) free time.
   (c) sick leave.
   (d) time at school.

2. Which of the following activities is mentioned here?
   (a) fishing.
   (b) watching TV.
   (c) listening to the radio.
   (d) housework.

3. What type of transport is mentioned here?
   (a) airplane.
   (b) train.
   (c) car.
   (d) boat.

4. What is said here about Sunday?

Section IV

Delphine and her parents have recently moved to Paris from Arnay-le-Duc, a small town in Burgundy. In the canteen of her new school, the lycée Louis-le-Grand, she talks with Marie-Ange.

The material will be played **three times**: first right through, then in **four segments** with pauses and finally, right through again.

TRACK 30

1. Delphine's mother finds it difficult to settle down in Paris because
   (a) she has problems at work.
   (b) she detests traffic jams.
   (c) it is hard to make new friends.
   (d) she prefers small towns.

2. (i) Delphine's mother is a
      (a) teacher.
      (b) nurse.
      (c) doctor.
      (d) secretary.

   (ii) Which activity does Delphine advise her mother to take up again?
      (a) reading.
      (b) knitting.
      (c) golf.
      (d) gardening.

3. According to Delphine, at Louis-le-Grand, there is too much concentration on
   (a) examinations.
   (b) sport.
   (c) debating.
   (d) health education.

4. Marie-Ange does not agree with Delphine because
   (a) she wants to get good results.
   (b) she likes sport.
   (c) she likes debating.
   (d) she is used to this school.

Section V

You will now hear each of **three** radio news **twice**.

TRACK 31

1. (i) When will this strike take place?

   (ii) Who will be on strike?
   (a) dentists.
   (b) doctors.
   (c) teachers.
   (d) air traffic controllers.

TRACK 32

2. This item is about newly issued
   (a) stamps.
   (b) banknotes.
   (c) identity cards.
   (d) coins.

TRACK 33

3. Which illness is mentioned here?
   (a) nervous breakdown.
   (b) heart disease.
   (c) cancer.
   (d) stomach ulcers.

2002 CD Script

Bonjour Michèle, si je comprends bien, il y a eu quelques problèmes avec ce séjour linguistique en Angleterre.

TRACK 27

Oui et ça dès le début. Par exemple, trois des jeunes Français n'avaient pas de famille présente à **l'accueil** à l'aéroport de Manchester. Et puis, la famille où était mon fils, la maman était là, mais Benoît ne l'a pratiquement jamais vue. C'était une dame qui vivait **seule** avec ses deux garçons. Elle partait très tôt le matin.

Alors, votre fils devait s'occuper de lui-même ?

Oui, exactement. Il y avait un petit peu à manger dans le frigo et **il avait le droit de** se servir. En plus, pour aller à son cours d'anglais, Benoît prenait le bus tout seul. À l'age de douze ans et demi, c'était trop jeune ah!

Il en garde quand même un bon souvenir?

Ben! Oui parce que figurez-vous, **il est allé en boîte**. À cet âge-là, douze ans et demi. Imaginez! Après l'école, il est allé dans une salle de billard. Il a trouvé ça genial!

TRACK 28

Jacques Maillot, vous venez de vendre votre société '*Nouvelles Frontières*', pourquoi les voyagistes français vont-ils si mal?

Le principal problème des tours opérateurs français c'est qu'ils n'arrivent plus à gagner de l'argent. Les consommateurs ne veulent pas payer le juste **prix** de leurs vacances.

Est-ce que les événements du 11 septembre y sont pour quelque chose?

C'est particulièrement évident depuis le 11 septembre. Les gens veulent encore voyager mais ils demandent des prix **de plus en plus bas**. Prenez les dépenses de sécurité. Elles sont très mal acceptées par les clients. **Du coup**, les soldes de dernière minute n'ont jamais aussi bien marché.

Et l'avenir?

Il y a des nouvelles formules à inventer. Regardez par exemple dans les îles britanniques le succès des companies aériennes à tarif réduit. Pourquoi n'y a-t-il pas de companies françaises qui proposent des billets **bon marché?** Ce qui m'inquiète, c'est que les Français n'inventent plus de nouvelles façons de voyager. Ils ne créent plus rien!

TRACK 29

Odile Mougeotte, vous venez de terminer un rapport sur la semaine de trente-cinq heures. Est-ce que ce rapport concerne un aspect particulier de ce vaste sujet?

Le rapport que j'ai remis au ministre du Travail s'intéresse au temps libre des Français. C'est-à-dire à quatre-vingt pour cent de leur temps.

Comment est-ce que les trente-cinq heures on changé la vie des Français?

Les Français utilisent surtout leur temps libre pour faire ce qu'ils faisaient avant mais à rythme plus long. On peut éviter les heures de pointe et la foule. On a fini dès le vendredi soir **le ménage** et les **courses** et cela libère le week-end pour la famille et les copains.

Est-ce que notre société s'est adaptée à la semaine de trente-cinq heures?

Pas assez. Prenez par exemple l'école. Les enfants ont toujours les mêmes horaires, la même organisation de leur semaine alors que celle de leurs parents à changé. En revanche, dans les transports, ça commence. La SNCF par exemple a augmenté le nombre de ses trains de seize pour cent le jeudi soir pour faciliter les départs en long week-end.

Peut-on dire alors qu'il n'y a plus de règles, plus de traditions à respecter?

Au contraire, il y a à mon avis deux traditions que **l'on doit respecter**. Moi, je crois que les magasins doivent rester fermés le dimanche et que les grandes vacances doivent avoir lieu au mois d'août.

TRACK 30

Je pense, Delphine, ça fait juste deux mois que tu es à Paris. Tu t'habitues un peu ou . . . ?

Tu sais Marie-Ange, le plus difficile pour le moment c'est la vie en famille. Papa est très tendu à cause de son nouveau poste. C'est peut-être normal tu me diras qu'il se fasse des **soucis** pour son boulot, même à son âge! Et puis maman, eh bien! Elle a du mal à se faire de nouveaux amis et effectivement comme elle n'a pas encore l'occasion de connaître beaucoup de monde, c'est pas évident.

Mais tu disais l'autre jour qu'elle avait trouvé un poste à l'hôpital Necker.

Oui, mais elle n'a pas encore commencé. **L'infimière** que maman remplace ne part que fin janvier. **Entre-temps** elle n'a rien à faire. Moi, je lui ai conseillé de reprendre ses lectures. Elle qui se plaignait toujours de ne pas avoir le temps de relire les classiques.

Eh bien, toi et moi Delphine la littérature ce n'est pas ça qui nous manque. Avec l'épreuve anticipée de français cette année . . .

En effet nous on s'occupe. Il n'y a pas à dire mais par moments il m'arrive de regretter le lycée d'Arnay-le-Duc. Ici à Louis-le-Grand les profs sont plus . . . comment dirai-je? . . . plus distants. Enfin, je ne trouve pas chez eux cette chaleur que j'ai appréciée tellement à Arnay-le-Duc et puis ici l'ambiance est très compétitive . . . je veux dire . . . les examens, les **concours**, les résultats. On dirait qu'il n'y a que ça qui compte.

Tu penses vraiment? Moi j'en ai tellement l'habitude que ça ne me gêne pas du tout. Maintenant Delphine tu permets que je change de la conversation? Rien que pour te remonter le moral.

Avec plaisir. Je suis tout ouïe!

À la deuxième table à droite . . . mais NE REGARDE PAS! Il y a un beau mec qui a les yeux fixés sur toi! Et ce n'est pas la première fois que je le surprends en train de te regarder comme ça.

Mm. . . je commence déjà à me sentir mieux à Louis-le-Grand . . . après tout.

TRACK 31
Journée sans **Toubibs**
Demain, les médecins généralistes seront **en grève**. Ils demandent notamment que le prix de la consultation soit fixé à vingt euros.

TRACK 32
Neuves est déjà usées
Les nouvelles pièces de centimes d'euro viellissent à vue d'œil. **Rouge cuivre** au début, ces petites deviennent rapidement brunes.

TRACK 33
L'optimisme est bon pour la santé
Il protège surtout des crises cardiaques. Selon des chercheurs américains, les optimistes ont deux fois moins de risques d'êtres **atteints** de **maladies cardiaques** que les pessimistes.

2001
Section I

Jean Galais has moved from Paris to Provence.
  The material will be played **three times**: first right through, then in **three segments** with pauses and finally, right through again.

TRACK 34

1. Jean Galais has chosen to live
   (a) near the sea.
   (b) in a town.
   (c) in a village.
   (d) in open countryside.

2. Name **one** aspect of life in Provence which he enjoys.

3. Which of the following best sums up the lifestyle of people in Provence?
   (a) They are hard-working.
   (b) They are very stressed.
   (c) No different from life in Paris or New York.
   (d) Very relaxed.

Section II

Christine has given up smoking.

The material will be played **three times**: first right through, then in **four segments** with pauses and finally, right through again.

TRACK 35

1. Name **one** of the emotional states which led Christine to smoke.

2. Christine had been smoking for
   (a) 5 years.
   (b) 13 years.
   (c) 15 years.
   (d) 50 years.

3. Since she gave up smoking, Christine has
   (a) put on weight.
   (b) lost weight.
   (c) suffered headaches.
   (d) saved money.

4. Christine
   (a) wants all smokers to stop smoking.
   (b) always knew she could give up cigarettes.
   (c) is very proud of herself.
   (d) is afraid she might start smoking again.

Section III

TRACK 36

Isabelle and Marie-Laure discuss their boyfriends.

The material will be played **three times**: first right through, then in **four segments** with pauses and finally, right through again.

1. (a) When did Marie-Laure and Jean-Pierre meet? ....
   (b) Where did they meet? ....

2. Marie-Laure fears that her parents might reject Jean-Pierre because of
   (a) where he lives.
   (b) his age.
   (c) his prison record.
   (d) his friends.

3. Give **one** reason why Isabelle likes Jacques. ....

4. Isabelle says that Jacques' mother
   (a) is strict with Jacques.
   (b) spoils him.
   (c) is fond of Isabelle.
   (d) argues too much with Jacques.

Section IV

In the course of a debate on teenage violence, two people are interviewed: Brigitte Cadéac, who operates a telephone helpline, and Laurent, a teenager who was the victim of an attack.

The material will be played **three times**: first right through, then in **four segments** with pauses and finally, right through again.

TRACK 37

1. Brigitte Cadéac believes that young people
   (a) talk too much about violence.
   (b) often suffer in silence.
   (c) are safe in school.
   (d) seek help first from their parents.

2. Name **one** group of people to whom Brigitte Cadéac says young people are reluctant to talk.

3. Laurent's attacker alleged that
    (a) he had been excluded from the game.
    (b) his bag had been stolen.
    (c) the players would not talk to him.
    (d) his watch had been stolen.

4. Name **one** part of Laurent's body which was struck by the attackers.

Section V

You will now hear **three** radio news items. Each item will be played **twice**.

TRACK 38

1. (i) The traffic congestion mentioned here is caused by
        (a) everyone returning at the same time.
        (b) road works.
        (c) an accident on the ring road.
        (d) poor roads in Northern France.

   (ii) What Northern French town is mentioned here?

TRACK 39

2. In which year is it planned to introduce a shorter working week in the public service?
    (a) 2020
    (b) 2012
    (c) 2200
    (d) 2002

TRACK 40

3. For what crime was this person put in prison?

2001 CD Script

TRACK 34

Où avez-vous choisi de vous installer?

La Provence – entre Apte et Perthuis, un village idéal avec huit restaurants et deux bars.

Comment vous occupez-vous?

Je **taille mes rosiers** et puis il y a là un marché **plein** de fleurs, j'adore y faire mes courses ou tout simplement **flâner**.

Quelle est la recette du bonheur selon Jean Galais?

Adopter **le mode de vie** des Provençaux. **Laisser filer le temps** et les heures, **se moquer des gens pressés** de Paris ou de New York.

TRACK 35

Christine, vous étiez quel genre de fumeur?

Je fumais tout le temps, c'est-à-dire **la joie** me faisait fumer, **la tristesse** me faisait fumer, **l'ennui**. J'étais une fumeuse de tous les instants.

Pourquoi avez-vous renoncé **au tabac?**

Après quinze ans de fumer, j'ai décidé qu'il était grand temps avec toute la **pression** que l'on a autour de la cigarette et alors beaucoup de mes amis avaient arrêté de fumer.

Avez-vous eu de mauvais effets, ces effets secondaires dont on parle?

Ça fait quatre mois que je suis non-fumeuse. **Je dors moins bien** et **j'ai pris du poids** mais je suis contente d'avoir arrêter – très contente et **je ne repasserai plus jamais par là**.

Qu'est-ce qu'il y a de positif?

Je suis **fière de moi**. Oui, oui, je suis fière parce que je sais en fait que tous les fumeurs aimeraient **arrêter** et personnellement je pensais que je ne pourrais jamais.

TRACK 36

Marie-Laure, ça fait que bientôt six mois que tu sors avec Jean-Pierre. Au fait, **comment vous êtes vous connus?**

Ça s'est passé l'été dernier en Bretagne. On faisait tous les deux de la voile. Dès le début on a sympathisé et puis de fil en aiguille.

Je vois je vois . . .

Et tes parents. Ils le connaissent?

Non, enfin . . . pas encore. C'est que Jean-Pierre. Sa famille habite un HLM en banlieue alors – euh avec mes parents snobs comme ils sont, j'hésite à le **ramener** à la maison. Et en plus il a **raté** son bac. Tout ça, ça ne fait pas bien dans le tableau!

Et toi. Tu sors toujours avec Jacques?

Bien sûr. On s'aime vraiment. Jacques est très sincère. Et pour moi, la franchise **ça compte pour beaucoup. Et puis en même temps il a le** sens de l'humour **et j'aime bien qu'on me fasse rire**.

Comme quoi, **tu files le parfait amour** avec ce cher Jacques. **Pas un seul nuage à l'horizon?**

Si quand même . . . des . . . je sais pas. On dirait qu'il se laisse trop gâté **par sa maman. C'est** une vraie mère poule! **Tu vois le genre et puis ces derniers temps j'ai un peu l'impression que moi elle me considère comme une mauvaise influence pour son fils chéri. Et ça. C'est pas mon style. N'est-ce pas Marie-Laure?**

TRACK 37

Brigitte Cadéac, votre numéro vert est très demandé. Est-ce que cela vous surprend?

J'en suis étonnée. **J'en tire déjà deux conclusions**. D'abord, que les violences scolaires – le **racket** c'est pour beaucoup de jeunes une triste réalité.

D'autre part les parents et les **enseignants**, ils n'aperçoivent pas les signes. Les petits **clignotants** qui peuvent les alerter sur les difficultés des jeunes et ceux-ci souffrent en silence.

Qu'est-ce qui les pousse à apeller **le numéro vert?**

D'abord c'est plus facile que de pousser la porte du **conseiller d'éducation** – plus facile aussi que d'en parler aux parents. Pour bien des jeunes, se confier aux parents est vécu comme une régression – **un pas en arrière** quoi!

Écoutez maintenant le **témoinage** de Laurent qui a été récemment agressé.

Laurent: Notre match de foot était terminé. **La plupart des copains étaient partis. Nous n'étions plus que deux ou trois. Un jeune est arrivé en** prétendant **qu'on lui avait** volé **son sac. 'Il faut que je** fouille **vos sacs,' nous a-t-il dit. On a dit non et** le ton est monté.

Et alors? Une quarantaine de jeunes nous a encerclés. Un mec m'a donné des coups de poing **dans la figure. J'ai eu la lèvre ouverte. Les autres m'ont donné les** coups de pieds **dans le** dos.

TRACK 38

Vous rentrez tous ensemble ce soir et ce n'est pas une bonne idée. La plus grosse difficulté **actuellement** est située dans le Nord de la France. Il y a vingt kilomètres de **ralentissement** sur l'A25 jusqu'au périphérique de Lille.

TRACK 39

Le ministre de la Fonction publique a **affirmé** hier que la réduction du temps de travail aux trente-cinq heures par semaine sera effective au 1er janvier 2002.

TRACK 40

Un ressortissant français a été condamné à la **prison à vie** pour avoir fait entrer illégalement quatre kilos de haschisch à Bali en Indonésie.

5. GRAMMAR

Introduction

The importance of grammar in the Leaving Certificate French exam cannot be overemphasised. In the reading comprehension section you will be asked a grammar question, e.g. *Trouvez un adjectif féminin* (Find a feminine adjective). In the written expression section every sentence you write will contain at least one verb. In the oral exam again you won't be able to say very much unless you know your verbs. So if you want to score highly in any of these areas it is essential that you have a good grasp of grammar.

This section revises all of the basics of French grammar you need for the exam, especially verbs. Each explanation begins with a definition of the grammar term in English and in French as it is important that you understand these for the grammar question in the reading comprehension.

Les Noms (Nouns)

A noun (*un nom*) is the name of a person, place or thing. 'Cat', 'bakery', 'Anne', 'town' are all nouns in English. All nouns in French are either masculine or feminine. The article (word for 'a' or 'the') will usually tell you the gender of a noun (whether it is masculine or feminine). A singular noun means that there is only one thing or person. A plural noun means that there is more than one thing or person.

Le Genre (Gender of Nouns)

Whenever you learn a new word in French you will have to learn the gender (*le genre*), i.e. whether it is masculine or feminine. Sometimes you can tell its gender by looking at the word. Here are a few points to help you.

Les Noms Masculins (Masculine Nouns)

- Names of males, days, months, seasons, trees, fruits, colours, languages and flowers not ending in 'e' are masculine.
- Most countries not ending in 'e' are also masculine.
- Words with the following endings are usually masculine:
    - -age (*le courage*). Exception: '*la plage*'
    - -acle (*un obstacle*)
    - -amme (*le programme*)
    - -ment (*le commencement*)
    - -et (*le billet*)
    - -al (*le total*)
    - -er (*le fer*). Exception: '*la mer*'
    - -isme (*le réalisme*)
    - -oir (*le séchoir*)

Les Noms Féminins (Feminine Nouns)

- Names of females, continents, most countries, rivers, fruits and shrubs ending in 'e' are feminine.
- Words with the following endings are usually feminine:
    - -ance (*une tendance*)
    - -anse (*la danse*)
    - -ence (*la prudence*)
    - -ense (*la défense*)
    - -esse (*la jeunesse*)
    - -ise (*une valise*)
    - -ion (*une expression*)
    - -ure (*la mesure*)

Masculine Nouns with Modified Feminine Forms

The feminine equivalent of many masculine forms is formed by adding an extra 'e'.

Example: *mon voisin / ma voisine*

Not all nouns follow this pattern. Further changes are common with masculine endings as follows:

eur – euse	(*un chanteur / une chanteuse*)
teur – trice	(*un acteur / une actrice*)
eau – elle	(*un jumeau / une jumelle*)
er – ère	(*un boulanger / une boulangère*)
ien – ienne	(*un Italien / une Italienne*)
f – ve	(*un veuf / une veuve*)
x – se	(*un époux / une épouse*)

Single Gender Nouns

Some nouns have the same gender regardless of whether the person described is masculine or feminine.

Example: *un bébé* (baby)
   un écrivain (writer)
   un médecin (doctor)
   un professeur (teacher)
   une personne (person)
   un témoin (witness)
   une vedette (film star)
   une victime (victim)

Les Noms Pluriels (Plural of Nouns)

General formation: to make a noun plural you generally add 's' to the singular. Other formation patterns:

1. Nouns ending in 's', 'x' or 'z' do not change in the plural (*le fils / les fils*).
2. Nouns ending in 'eu' and 'au' add 'x' in the plural (*le jeu / les jeux*).
3. Most nouns ending in 'al' change to 'aux' in the plural (*le cheval / les chevaux*).
4. The following nouns ending in 'ou' add 'x' in the plural:

le bijou	– *les bijoux* (jewel)
le caillou	– *les cailloux* (pebble)
le chou	– *les choux* (cabbage)
le genou	– *les genoux* (knee)
le hibou	– *les hiboux* (owl)
le joujou	– *les joujoux* (toy)
le pou	– *les poux* (lice)

Special plurals:

	l'œil	– *les yeux* (eye)
	le ciel	– *les cieux* (sky)
	Monsieur	– *Messieurs* (Mr, Gentlemen)
	Madame	– *Mesdames* (Mrs, Ladies)
	Mademoiselle	– *Mesdemoiselles* (Miss)

✏️ Now test yourself

Put '*le*' or '*la*' in front of the following nouns.
1. _____ danseur
2. _____ voiture
3. _____ cyclisme
4. _____ plage
5. _____ témoin

Make the following nouns plural.
1. le journal
2. un œil
3. le nez
4. le morceau
5. l'homme

Les Articles (Articles)

The article is the word for 'a' or 'the'. This word will usually tell you the gender of a noun (whether it is masculine or feminine). The word 'the' is called the definite article (*l'article défini*) while the word 'a' is called the indefinite article (*l'article indéfini*).

L'Article Défini (The Definite Article)

There are three words for 'the' in French:
- *le*: before a masculine singular noun (*le chat* – the cat)
- *la*: before a feminine singular noun (*la boulangerie* – the bakery)
- *les*: before all plural nouns (*les maisons* – the houses)
- *l'*: this is a shortened form of '*le*' and '*la*'. We use it before a singular noun that begins with a vowel (a, e, i, o, u) or a silent 'h' (*l'orange* – the orange, *l'homme* – the man).

L'Article Indéfini (The Indefinite Article)

There are two words for 'a' in French:
– *un*: before a masculine singular noun (*un chat* – a cat)
– *une*: before a feminine singular noun (*une boulangerie* – a bakery)
For indefinite nouns in the plural '*des*' is used: *des maisons* – houses, some houses.

Use of the Definite and Indefinite Articles

There are some differences in the use of 'the' and 'a' between French and English:
1. In French '*le*', '*la*' and '*les*' are used in generalisations. Compare:
   Tu aimes l'école? – Do you like school?
2. In French '*le*' or '*la*' are used before countries, sports and school subjects. Compare:
   Je n'aime pas la natation. – I don't like swimming.
3. In French '*le*' or '*la*' are used when talking about parts of the body. Compare:
   Elle a les yeux bleus. – She has blue eyes.
4. In French '*un*' or '*une*' are not used when saying what someone's job is. Compare:
   Mon père est facteur. – My father is a postman.

Now test yourself

Fill in the blanks with '*le/la/l'/les/un/une/des*'.
1. J'adore _____ sport.
2. Nous avons _____ maison.
3. Le prof enseigne _____ histoire.
4. Il a _____ cheveux courts.
5. Où sont **les** parents?
6. Elle a _____ chien.
7. J'étudie _____ français.
8. Marc a _____ sœurs.
9. J'aime **l'** équitation.
10. Ma mère travaille dans_____ magasin.

Les Prépositions (Prepositions)

A preposition is a word that tells you about the position of someone or something.

Some Common Prepositions

à	to/at/in
après	after
avant	before
avec	with
chez	at the house of
contre	against
dans	in, into
de	from
derrière	behind
devant	in front of
entre	between
sans	without
sous	under
sur	on

À

The little word '*à*' means 'to', 'at' or 'in'.

Example: *Il va à Dublin.* – He goes to Dublin.
           Il est à Dublin. – He is in Dublin.

In order to say 'to the' or 'at the' you need to link '*à*' with 'le/la/l'/les' as follows:

   à + le   = *au* (before a masculine singular noun)
   à + la   = *à la* (before a feminine singular noun)
   à + l'   = *à l'* (before a singular noun beginning with a vowel or a silent 'h')
   à + les   = *aux* (before all plural nouns)

Example: *Il va au magasin.* – He goes to the shop.
           Il va à la plage. – He goes to the beach.
           Il va à l'hôpital. – He goes to the hospital.
           Il va aux magasins. – He goes to the shops.

De

The little word '*de*' means 'of' or 'from'. It can be used to express possession or to say where somebody is coming from.

Example: *Le pull de Paul* – Paul's coat (the coat of Paul)
Il vient de Dublin. – He comes from Dublin.

The following changes occur when 'de' combines with '*le/la/l'/les*':

de + le = *du* (before a masculine singular noun)
de + la = *de la* (before a feminine singular noun)
de + l' = *de l'* (before a singular noun beginning with a vowel or a silent 'h')
de + les = *des* (before all plural nouns)

Example: *Il vient du cinéma.* – He is coming from the cinema.
la voiture de la mère – the mother's car
la voiture des parents – the parents' car

L'Article Partitif (Partitive Article)

'*Du/de la/de l'/des*' can also mean 'some' or 'any' and must be used in French even when left out in English.

Example: *Il mange de la viande.* – He eats meat.
Marie a des amis à l'école. – Marie has friends in school.

Exceptions to these rules:
All of these forms stay as '*de*' in the following situations:

– after a negative verb
Example: *J'ai des livres./Je n'ai pas de livres.*

– after an expression of quantity (*beaucoup/trop/un kilo*, etc.)
Example: *J'ai des livres./J'ai beaucoup de livres.*

– when, in the plural, an adjective precedes a noun.
Example: *Il y a de belles montagnes, de grands champs et des arbres énormes.*

🔊 Now test yourself

Translate these short phrases.
1. She lives in Wexford.
2. We go to the shops.
3. She speaks to the teacher.
4. Anne's book
5. The man's dog
6. He eats meat.
7. I have no friends.
8. He comes from Cork.
9. The book is under the table.
10. He speaks to Paul.

Les Adjectifs (Adjectives)

An adjective is a word which tells us more about a noun, e.g. in 'the red car' 'red' is an adjective because it tells us more about the car.

Agreement of Adjectives

An adjective which goes with a noun in French must agree with the noun in gender and in number. This means that if the noun is feminine singular so must the adjective be, and if the noun is masculine plural so must the adjective be.

Example: *la petite maison*
           les petits livres

Formation of the Feminine

1. To make an adjective feminine you generally add 'e' to the masculine form (*petit – petite*).
2. If the adjective already ends in 'e' you do not add another 'e'.

Other formation patterns:
1. If the adjective ends in 'er' or 'et' change to 'ère' (*cher – chère*) or 'ète' (*secret – secrète*).
2. If it ends in 'x' change to 'se' (*heureux – heureuse*).
3. If it ends in 'f' change to 've' (*sportif – sportive*).
4. In some cases, we double the last letter before adding 'e' (*bon – bonne, gros – grosse, gentil – gentille*).

Irregular Feminine Forms

beau	–	*belle* (beautiful)
blanc	–	*blanche* (white)
doux	–	*douce* (sweet, soft)
faux	–	*fausse* (false)
favori	–	*favorite* (favourite)
fou	–	*folle* (mad)
frais	–	*fraîche* (fresh, cool)
long	–	*longue* (long)
nouveau	–	*nouvelle* (new)
public	–	*publique* (public)
sec	–	*sèche* (dry)
vieux	–	*vieille* (old)

Three common masculine adjectives have a special form if they are followed by a masculine singular noun beginning with a vowel or a silent 'h'. They are '*nouveau*', '*vieux*' and '*beau*'.

Example: *nouveau* – *nouvel* (*le nouvel homme* – the new man)
            vieux – *vieil* (*le vieil homme* – the old man)
            beau – *bel* (*le bel homme* – the handsome man)

Formation of Plurals
1. To make an adjective plural you add 's' to the singular (*petit* – *petits*).
2. If the adjective already ends in 's' or 'x' no extra 's' is needed (*gris* – *gris*).

Other formation patterns:
1. If the adjective ends in 'eau' add 'x' in the plural (*beau* – *beaux*).
2. If it ends in 'al' change to 'aux' in the plural (*national* – *nationaux*).

Position of Adjectives

Most adjectives follow the noun in French (*une maison blanche* – a white house). However, some adjectives generally come before the noun. Here are the most important ones:

beau (beautiful)	–	*un beau garçon*
bon (good)	–	*un bon livre*
grand (big)	–	*un grand garçon*
gros (large)	–	*un gros paquet*
haut (high)	–	*un haut bâtiment*

jeune (young)	–	*un jeune bébé*
joli (pretty)	–	*un joli bateau*
long (long)	–	*un long voyage*
mauvais (bad)	–	*un mauvais enfant*
nouveau (new)	–	*un nouveau film*
petit (small)	–	*un petit chien*
vieux (old)	–	*un vieux château*

Now test yourself

Translate these short phrases.
1. A beautiful girl
2. The red house
3. A small dog
4. A sporty girl
5. A new jumper

Les Adjectifs Possessifs (Possessive Adjectives)

An example of a possessive adjective is the word '*mon*' (my). It is possessive because it tells us who owns something, and it is an adjective because it tells us more about a noun.

Table 5.1

Masculine singular	Feminine singular	Plural (masc. and fem.)	Meaning
mon	ma	mes	my
ton	ta	tes	your
son	sa	ses	his
son	sa	ses	her
notre	notre	nos	our
votre	votre	vos	your
leur	leur	leurs	their

Please note:

1. In French all possessive adjectives agree with the gender of the noun, not with the gender of the person who owns it. This is especially important with '*son/sa*', both of which mean 'his' and 'her'.

Example: *Il regarde sa fille.* – He looks at his daughter.
             Elle aime son frère. – She loves her brother.

We use '*sa fille*' because 'daughter' is feminine and '*son frère*' because 'brother' is masculine, regardless of who 'looks' or who 'loves'.

2. The masculine form is used before a feminine singular noun beginning with a vowel or a silent 'h'.

Example: *mon assiette, ton histoire, son école*

Les Adjectifs Interrogatifs (Interrogative Adjectives)

The French word for 'which' or 'what' (with a noun) is '*quel*'. It is an adjective and therefore will agree with the noun. This means it will change according to whether the noun is masculine or feminine, plural or singular.

Table 5.2

Masculine singular	Feminine singular	Masculine plural	Feminine plural
quel	quelle	quels	quelles
quel nom	quelle adresse	quels livres	quelles voitures

The word '*quel*' can also be used in exclamations in order to say 'What a . . .'.
Example: *Quel dommage!* – What a pity!
             Quelle femme étrange! – What a strange woman!

Les Adjectifs Démonstratifs (Demonstrative Adjectives)

These are used instead of '*le, l', la, les*' for nouns that you want to point out to someone. They mean 'this/that/these' or 'those'. They are demonstrative because they point out things to us and they are adjectives because they tell us more about a noun, e.g. Which book? This book. Like other adjectives they change according to whether the noun is masculine or feminine, singular or plural.

Table 5.3

Masculine singular	Feminine singular	Plural (masc. and fem.)
ce		
cet (before a vowel and a silent 'h')	cette	ces
ce chapeau	cette jupe	
cet anorak	cette écharpe	ces chaussures

'*Ce*' and '*cette*' can mean either 'this' or 'that'. '*Ces*' can mean either 'these' or 'those'. Because each of the words can mean two things, you can add '*ci*' and '*là*' to the nouns to distinguish between 'this/that', and 'these/those'.

Example: *Est-ce que tu préfères ce pull-ci ou ce pull-là?* – Do you prefer this pullover or that pullover?
Je vais acheter cette robe-là. – I'm going to buy that dress.
J'adore ces chaussures-ci. – I love these shoes.

Now test yourself

Translate these short phrases.
1. Their father
2. Our friends
3. His sister
4. Which books?
5. Which girls?
6. What boy?
7. This boy
8. This man
9. This house
10. These books

Les Adverbes (Adverbs)

An adverb tells you more about the verb, often explaining how, when or where something happens.

Formation of Adverbs

To form an adverb in English we usually add 'ly' to the adjective.

Example: slow – slowly
quick – quickly

To form an adverb in French we usually add 'ment' to the feminine of the adjective.

Example:

Table 5.4

Masculine adj.	Feminine adj.	Adverb	Meaning
léger	légère	légèrement	lightly
doux	douce	doucement	softly

Other formation patterns:

1. If the masculine form of the adjective ends in a vowel, you just add 'ment'.

Example: absolu – absolument
vrai – vraiment

2. If the adjective ends in 'ant' or 'ent' you change it to 'amment' or 'emment'.

Example: constant – constamment
prudent – prudemment

3. There are also some exceptions to these rules. These need to be learnt.

bon	–	bien
bref	–	brièvement
gai	–	gaiement
gentil	–	gentiment
mauvais	–	mal
meilleur	–	mieux

Position of Adverbs

1. In general adverbs follow the verb and, unlike in English, they never go between the subject and the verb.

Example: *Il conduit bien.* – He drives well.
Il conduit souvent. – He often drives.

2. In compound tenses such as the *Passé Composé* the adverb usually goes between the auxiliary verb ('*avoir*' or '*être*') and the past participle.

Example: *Il a bien conduit.* – He drove well.

However, most adverbs ending in 'ment' come after the past participle.

Example: *Il a conduit lentement.* – He drove slowly.

Comparison of Adverbs

Adverbs form their comparative and superlative as follows.

Example: *rapidement – plus rapidement – le plus rapidement*
sûrement – moins sûrement – le moins sûrement

Exceptions: *bien – mieux – le mieux* (well – better – best)
mal – plus mal/pire – le plus mal/le pire (badly – worse – the worst)

Expressions of comparison: *de plus en plus* (more and more)
de moins en moins (less and less)
de mieux en mieux (better and better)

Now test yourself

Translate these words.
1. Softly
2. The best
3. Well
4. Badly
5. Enormously

Les Verbes (Verbs)

Le verbe (verb): Every sentence contains at least one verb. Most verbs express actions, e.g. he buys, she played (*il achète, elle a joué*). Sometimes verbs describe the state of things, e.g. it is fine (*il fait beau*). Verbs in French have different endings and forms depending on the person (I, you, he, she, etc.) and the tense (Present, Future, etc.). Regular verbs follow a set pattern and irregular verbs follow different patterns. Some of the most commonly used verbs in French are irregular.

Le temps (tense): The tense of the verb tells you when something happens or happened. Each verb has several tenses. Here we will revise the Present tense (*le Présent de l'indicatif*), the Future tense (*le Futur*), the Perfect tense (*le Passé Composé*), the Imperfect tense (*l'Imparfait*) and the Conditional tense (*le Conditionnel*).

L'infinitif (infinitive): This is the form of the verb which you would find in a dictionary, e.g. to speak, to do, etc. Regular verbs in French have an infinitive which ends in either 'er', 'ir', or 're', e.g. *donner* (to give), *finir* (to finish), *vendre* (to sell).

Le Présent de l'Indicatif (The Present Tense)

In English there are two forms of the present tense:
1. He is playing: time is right now.
2. He plays: time is more general, every day.

In French there is only one present form: both (1) and (2) above are translated by '*Il joue*'.

Example: *je mange* – I eat/I am eating
 nous chantons – we sing/we are singing
 ils jouent – they play/they are playing

Les Verbes Réguliers (Regular Verbs)
The following is the formation for the present tense of the three regular groups. If you know these endings you can form the present tense of any regular verb.

Table 5.5

'er': donner (to give)	'ir': finir (to finish)	're': vendre (to sell)
je donne (I give/am giving)	je finis (I finish/am finishing)	je vends (I sell/am selling)
tu donnes	tu finis	tu vends
il/elle donne	il/elle finit	il/elle vend
nous donnons	nous finissons	nous vendons
vous donnez	vous finissez	vous vendez
ils/elles donnent	ils/elles finissent	ils/elles vendent

Common Regular Verbs

arriver	to arrive	*habiter*	to live
attendre	to wait	*jouer*	to play
bavarder	to chat	*laisser*	to leave
chanter	to sing	*louer*	to hire
choisir	to choose	*parler*	to talk
écouter	to listen	*porter*	to carry
entendre	to hear	*punir*	to punish
entrer	to enter	*quitter*	to leave
emprunter	to borrow	*regarder*	to look at
éviter	to avoid	*tomber*	to fall
fermer	to close	*travailler*	to work

Les Verbes Pronominaux (Reflexive Verbs)

1. These verbs are called reflexive because they refer back to oneself, e.g. *se laver* (to wash oneself).
2. Reflexive verbs thus have an extra pronoun, i.e. *me, te, se, nous, vous, se*.
3. Many reflexive verbs are regular 'er' verbs, e.g. *se laver*. Thus in any of the one verb tenses (Present, Future, Imperfect and Conditional), they are conjugated like any other 'er' verb except that they have an extra pronoun.

Table 5.6

Se laver	To wash oneself
je me lave	I wash myself
tu te laves	you wash yourself
il se lave/elle se lave	he washes himself/she washes herself
nous nous lavons	we wash ourselves
vous vous lavez	you wash yourselves
ils se lavent/elles se lavent	they wash themselves

4. Here are some of the more common reflexive verbs:

s'amuser	to have a good time
s'appeler	to be called
se coucher	to go to bed
se dépêcher	to hurry up
se fâcher	to get angry
s'habiller	to get dressed
se laver	to wash oneself
se lever	to get up
se reposer	to rest
se réveiller	to wake up

Common Irregular Verbs in the Present Tense

Many common verbs are irregular in the present tense in French. It is important to learn these verbs off by heart as they do not follow a pattern. Here is a chart listing the more commonly used irregular verbs.

Table 5.7

Aller	to go	*Avoir*	to have
je vais	I go/am going	j'ai	I have
tu vas	you go/are going	tu as	you have
il/elle va	he/she goes/is going	il/elle a	he/she has
nous allons	we go/are going	nous avons	we have
vous allez	you go/are going	vous avez	you have
ils/elles vont	they go/are going	ils/elles ont	they have
Être	to be	*Faire*	to make/do
je suis	I am	je fais	I do/am doing
tu es	you are	tu fais	you do/are doing
il/elle est	he/she is	il/elle fait	he/she does/is doing
nous sommes	we are	nous faisons	we do/are doing
vous êtes	you are	vous faites	you do/are doing
ils/elles sont	they are	ils/elles font	they do/are doing
Pouvoir	to be able to	*Prendre*	to take
je peux	I can	je prends	I take/am taking
tu peux	you can	tu prends	you take/are taking
il/elle peut	he/she can	il/elle prend	he/she takes/is taking
nous pouvons	we can	nous prenons	we take/are taking
vous pouvez	you can	vous prenez	you take/are taking
ils/elles peuvent	they can	ils/elles prennent	they take/are taking

Recevoir	to receive	*Savoir*	to know (fact)
je reçois	I receive	je sais	I know
tu reçois	you receive	tu sais	you know
il/elle reçoit	he/she receives	il/elle sait	he/she knows
nous recevons	we receive	nous savons	we know
vous recevez	you receive	vous savez	you know
ils/elles reçoivent	they receive	ils/elles savent	they know
Sortir	to go out	*Venir*	to come
je sors	I go/am going out	je viens	I come/am coming
tu sors	you go/are going out	tu viens	you come/are coming
il/elle sort	he goes/is going out	il/elle vient	he/she comes/is coming
nous sortons	we go/are going out	nous venons	we come/are coming
vous sortez	you go/are going out	vous venez	you come/are coming
ils/elles sortent	they go/are going out	ils/elles viennent	they come/are coming
Voir	to see	*Vouloir*	to wish/want
je vois	I see	je veux	I want
tu vois	you see	tu veux	you want
il/elle voit	he/she sees	il/elle veut	he/she wants
nous voyons	we see	nous voulons	we wants
vous voyez	you see	vous voulez	you want
ils/elles voient	they see	ils/elles veulent	they want

Now test yourself

Translate these verbs.
1. We go
2. They see
3. He has
4. I am
5. You want (sing.)
6. You do (pl.)
7. I wash myself
8. We are playing
9. She lives
10. He finishes

Le Participe Présent (The Present Participle)

The present participle in English ends in 'ing' (running, reading). In French it ends in 'ant' (*courant, lisant*). It is used to say 'while', 'by' or 'on' doing something and usually the little word '*en*' comes before the present participle.

Example: *En lisant le livre, Marie s'est endormie.* – While reading the book Marie fell asleep.

Formation of the Present Participle

To form the present participle you take the '*nous*' form of the present tense (e.g. nous lisons), drop the 'ons' and add 'ant' (lisant).
There are only three exceptions to this rule:

être (to be) – *étant*
avoir (to have) – *ayant*
savoir (to know) – *sachant*

Le Futur (The Future Tense)

In English the future tense is made up of two verbs, i.e. I will eat my dinner tomorrow.

In French the future tense, like the present tense, is a one verb tense, i.e. *Je mangerai mon déjeuner demain.*

Formation

1. For 'er' and 'ir' verbs you take the whole infinitive, e.g. *donner, finir*, and then add your endings.
2. For 're' verbs you must remember to take off the final 'e' from the infinitive, e.g. vendre – vendr-, and then add your endings.

   The endings added on are:

Table 5.8

je	-ai
tu	-as
il/elle	-a
nous	-ons
vous	-ez
ils/elles	-ont

Example: *donner – je donnerai, tu donneras* (I will give, you will give)
finir – je finirai, tu finiras (I will finish, you will finish)
vendre – je vendrai, tu vendras (I will sell, you will sell)

Therefore, the key letter in identifying the Future tense is the letter 'r' which comes before the future endings.

Irregular verbs in the Future tense have an irregular stem. However, you will be happy to learn that this stem always ends in 'r' and all the verbs have regular endings, i.e. -ai, -as, -a, -ons, -ez, -ont. (The stem is the same as that used for the Conditional tense so if you learn it once you will know it for both tenses.)

Common Irregular Verbs in the Future Tense
Table 5.9

aller (to go)	j'irai (I will go)
avoir (to have)	j'aurai (I will have)
courir (to run)	je courrai (I will run)
devoir (to have to)	je devrai (I will have to)
être (to be)	je serai (I will be)
faire (to make/do)	je ferai (I will do)
pouvoir (to be able)	je pourrai (I will be able)
recevoir (to receive)	je recevrai (I will receive)
savoir (to know)	je saurai (I will know)
tenir (to hold)	je tiendrai (I will hold)
venir (to come)	je viendrai (I will come)
voir (to see)	je verrai (I will see)
vouloir (to wish/want)	je voudrai (I will want)

Le Futur Proche (The Immediate Future)

In French there is also an immediate future (*Futur Proche*). This indicates what you are going to do.

Example: *Je vais aller au cinéma.* – I am going to go to the cinema.

As you can see the formation of this is the same as in English. You use the present tense of '*aller*' (*je vais, tu vas, il va, elle va, nous allons, vous allez, ils vont, elles vont*) and the infinitive.

Example: I am going to see – *je vais voir*
we are going to play – *nous allons jouer*
they are going to see – *ils vont voir*

✎ Now test yourself

1. I will go
2. He will have
3. We will sell
4. She will be
5. We will do
6. I will be able
7. They are going to have
8. I will play
9. He is going to see
10. I will buy

Le Passé Composé (The Perfect Tense)

The *Passé Composé* is used when talking about a completed action in the past. It is made up of two parts, an auxiliary verb ('*avoir*' or '*être*') and a past participle.

Le Participe Passé (Formation of the Past Participle)

1. With regular verbs ending in 'er', you change the 'er' to 'é'.
Example: *donner* – to give
             donné – given

2. With regular verbs ending in 'ir', you change the 'ir' to 'i'.
Example: *finir* – to finish
             fini – finished

3. With regular verbs ending in 're', you change the 're' to 'u'.
Example: *vendre* – to sell
             vendu – sold

Formation of the Passé Composé with 'Avoir'

Most verbs use '*avoir*' as their auxiliary verb. Remember:

> j'ai
> tu as
> il/elle a
> nous avons
> vous avez
> ils/elles ont

Table 5.10

Donner (to give)	Finir (to finish)	Vendre (to sell)
j'ai donné (I gave/have given)	j'ai fini (I finished/have finished)	j'ai vendu (I sold/have sold)
tu as donné	tu as fini	tu as vendu
il/elle a donné	il/elle a fini	il/elle a vendu
nous avons donné	nous avons fini	nous avons vendu
vous avez donné	vous avez fini	vous avez vendu
ils/elles ont donné	ils/elles ont fini	ils/elles ont vendu

Common Irregular Verbs in the Passé Composé

Some verbs have irregular past participles. These need to be learnt.

avoir (to have)	– *eu*	*j'ai eu* (I had)
boire (to drink)	– *bu*	*j'ai bu* (I drank)
connaître (to know)	– *connu*	*j'ai connu* (I knew)
courir (to run)	– *couru*	*j'ai couru* (I ran)
devoir (to have to)	– *dû*	*j'ai dû* (I had to)
dire (to say)	– *dit*	*j'ai dit* (I said)
écrire (to write)	– *écrit*	*j'ai écrit* (I wrote)
être (to be)	– *été*	*j'ai été* (I was)
faire (to do)	– *fait*	*j'ai fait* (I did)
lire (to read)	– *lu*	*j'ai lu* (I read)
mettre (to put)	– *mis*	*j'ai mis* (I put)
ouvrir (to open)	– *ouvert*	*j'ai ouvert* (I opened)
pouvoir (to be able to)	– *pu*	*j'ai pu* (I was able to)
prendre (to take)	– *pris*	*j'ai pris* (I took)
recevoir (to receive)	– *reçu*	*j'ai reçu* (I received)
savoir (to know)	– *su*	*j'ai su* (I knew)
tenir (to hold)	– *tenu*	*j'ai tenu* (I held)
vivre (to live)	– *vécu*	*j'ai vécu* (I lived)
voir (to see)	– *vu*	*j'ai vu* (I saw)
vouloir (to want)	– *voulu*	*j'ai voulu* (I wanted)

The Passé Composé with 'Avoir' and Agreement

If a verb takes '*avoir*' as its auxiliary verb there is no agreement between the subject and the past participle.

Example: *il a donné*
elle a donné
nous avons donné

In other words, '*donné*' does not change, no matter whether the subject is masculine singular (he), feminine singular (she) or plural (we).

Now test yourself

Translate these verbs.
1. She ate
2. They did
3. We had
4. They wanted
5. I played
6. He has finished
7. We gave
8. She saw
9. You read (pl.)
10. He said

Formation of the Passé Composé with 'Être'

You have seen how to form the *Passé Composé* with the auxiliary verb '*avoir*' and the past participle. However, 13 verbs and all reflexive verbs do not use '*avoir*' as their auxiliary verb. They use the auxiliary verb '*être*' instead. Remember:

je suis
tu es
il/elle est
nous sommes
vous êtes
ils/elles sont

Verbs that take 'Être'

1. These 13 verbs and their past participles must be learnt.

aller (to go)	–	*allé* (gone/went)
arriver (to arrive)	–	*arrivé* (arrived)
descendre (to go down)	–	*descendu* (went down)
entrer (to enter)	–	*entré* (entered)
monter (to go up)	–	*monté* (went up)
mourir (to die)	–	*mort* (died)*
naître (to be born)	–	*né* (born)*
partir (to leave)	–	*parti* (left)
rester (to stay)	–	*resté* (stayed)
retourner (to return)	–	*retourné* (returned)
sortir (to go out)	–	*sorti* (gone out)
tomber (to fall)	–	*tombé* (fell)
venir (to come)	–	*venu* (came)*

*Note that these three verbs also have an irregular past participle.

2. All reflexive verbs also take '*être*' as their auxiliary verb.

The Passé Composé with 'Être' and Agreement

When, as is the case with these 13 verbs, the *Passé Composé* is formed with '*être*', the subject of the sentence and the past participle have to agree. Therefore, if the subject is

1. masculine singular, the past participle remains unchanged.
Example: *il est allé*

2. feminine singular, 'e' is added to the past participle.
Example: *elle est allée*

3. masculine plural, 's' is added.
Example: *ils sont allés*

4. feminine plural, 'es' is added.
Example: *elles sont allées*

This also applies for all reflexive verbs.

Example: *il s'est lavé*
elle s'est lavée
ils se sont lavés
elles se sont lavées

✎ Now test yourself

Translate these verbs.
1. She went
2. I was born
3. We arrived
4. The girls entered
5. The boys left
6. He died
7. He washed himself
8. We went out
9. She fell
10. He stayed

L'Imparfait (The Imperfect Tense)

The Imperfect tense is a past tense. It describes a regular or habitual action in the past. It is used when you are describing what someone was doing, used to do, or what was happening in the past, i.e. a scene, weather, emotions.

Formation of the Imperfect Tense

1. Take the 1st person plural in the Present tense (the '*nous*' form).

2. Remove the 'ons' ending off the verb.

3. Add on the imperfect endings: -ais, -ais, -ait, -ions, -iez, -aient.

Example: *donner – nous donnons – je donnais* (I was giving)
finir – nous finissons – je finissais (I was finishing)
vendre – nous vendons – je vendais (I was selling)

Table 5.11

Donner (to give)	Finir (to finish)	Vendre (to sell)
je donnais (I was giving)	je finissais (I was finishing)	je vendais (I was selling)
tu donnais	tu finissais	tu vendais
il/elle donnait	il/elle finissait	il/elle vendait
nous donnions	nous finissions	nous vendions
vous donniez	vous finissiez	vous vendiez
ils/elles donnaient	ils/elles finissaient	ils/elles vendaient

Irregular verbs form the Imperfect tense the same way.
Example: *faire – nous faisons – je faisais*
  prendre – nous prenons – je prenais

The only exception to the above rule is '*être*' (to be). The Imperfect of this verb is:
  j'étais
  tu étais
  il/elle était
  nous étions
  vous étiez
  ils/elles étaient

Use of the Imperfect and Passé Composé

When writing and speaking about the past you will often use a mixture of both the imperfect and the *Passé Composé*. Sometimes it is difficult to be sure which one to use.

Imperfect: continuous actions in the past and descriptions
Example: *j'allais* – I used to go/was going

Passé Composé: completed actions in the past
Example: *je suis allé* – I went

Here are some phrases which show both tenses being properly used.
– *Hier matin **il faisait** (imp.) beau et **je suis allé** (p.c.) à la plage.* – Yesterday morning the weather was nice and I went to the beach.
– ***Je regardais** (imp.) la télévision quand le téléphone **a sonné** (p.c.).* – I was watching the television when the telephone rang.
– *Hier **j'ai vu** (p.c.) une fille qui **portait** (imp.) une jupe rouge.* – Yesterday I saw a girl who was wearing a red skirt.

✎ Now test yourself

Translate these verbs into either the *Imparfait* or the *Passé Composé*.
1. I used to play
2. He was selling
3. She saw
4. I used to live
5. She arrived
6. We went
7. I was eating
8. They used to have
9. They bought
10. She was going

Le Conditionnel (The Conditional Tense)

The Conditional tense tells us what would happen. In English we use two words: 'would give'. In French we use only one: '*donnerais*'.

Formation

The Conditional tense is formed by combining the stem of the Future tense with the imperfect tense endings. A good knowledge of the irregular future stems is therefore essential.
Stem of Future tense: *donner, finir, vendr-*
Endings of the Imperfect tense: -ais, -ais, -ait, -ions, -iez, -aient

Table 5.12

Donner (to give)	Finir (to finish)	Vendre (to sell)
je donnerais (I would give)	je finirais (I would finish)	je vendrais (I would sell)
tu donnerais	tu finirais	tu vendrais
il/elle donnerait	il/elle finirait	il/elle vendrait
nous donnerions	nous finirions	nous vendrions
vous donneriez	vous finiriez	vous vendriez
ils/elles donneraient	ils/elles finiraient	ils/elles vendraient

The same applies for irregular verbs:
- *avoir* — *j'aurais* (I would have)
- *aller* — *j'irais* (I would go)
- *être* — *je serais* (I would be)
- *faire* — *je ferais* (I would do/make)

Conditional Tense and 'Si'

In English the Conditional tense is often used in sentences that begin with the word 'if'.

There are two possible clauses with 'if':
1. If I had money, I would go to town.
2. If I have money, I will go to town.

The same happens in French:
1. *Si j'avais de l'argent, j'irais en ville.*
2. *Si j'ai de l'argent, j'irai en ville.*

In clause (1) you use **'*si*' + imperfect tense + Conditional tense.**
In clause (2) you use **'*si*' + present tense + Future tense.**

Now test yourself

Translate the following verbs.
1. I would buy
2. We would go
3. They would sell
4. She would have
5. He would see
6. They would come
7. I would do
8. We would eat
9. You would like (pl.)
10. You would be (sing.)

La Négation (The Negative)

To make a statement negative in French you put '*ne*' before the verb and '*pas*' after it.

Example: *il mange – il ne mange pas* (he doesn't eat/he isn't eating)
il mangera – il ne mangera pas (he will not eat)
il mangeait – il ne mangeait pas (he wasn't eating)
il mangerait – il ne mangerait pas (he wouldn't eat)

To make verbs negative in the *Passé Composé* you put '*ne*' before the auxiliary verb ('*avoir*' or '*être*') and '*pas*' after it.

Example: *je n'ai pas donné* – I did not give
nous n'avons pas fini – we did not finish
nous ne sommes pas partis – we did not leave
elles ne sont pas tombées – they did not fall

Other Negative Phrases

ne . . . *jamais* (never)	*Je ne sors jamais.* (I never go out.)
ne . . . *plus* (no more/no longer)	*Je ne joue plus.* (I no longer play.)
ne . . . *point* (not at all)	*Je ne joue point au tennis.* (I don't play tennis at all.)
ne . . . *rien* (nothing)	*Je ne vois rien.* (I see nothing.)
ne . . . *guère* (hardly/scarcely)	*Je n'ai guère d'amis.* (I've scarcely any friends.)
*ne . . . *aucun* (not any)	*Je n'ai aucun livre.* (I don't have any books.)
*ne . . . *ni . . . ni* (neither . . . nor)	*Je ne bois ni le café ni le thé.* (I don't drink either tea or coffee.)
*ne . . . *personne* (nobody)	*Je ne vois personne.* (I don't see anyone.)
*ne . . . *que* (only)	*Je ne vois qu'un chien.* (I only see a dog.)
*ne . . . *nulle part* (nowhere)	*Nous ne l'avons vu nulle part.* (We didn't see him anywhere.)

*Note that in the *Passé Composé* the second part of these negatives comes **after** the past participle.

Example: *Je n'ai vu personne.* – I have seen nobody.
Elle n'a vu que Jean. – She only saw John.

L'Interrogation (The Interrogative)

In French there are three ways of asking questions that can be answered by 'yes' or 'no'.

1. Est-ce que

A statement can be turned into a question by putting '*est-ce que*' in front of it.

Example: *Tu sors.* – You are going out.

Est-ce que tu sors? – Are you going out?

2. Inversion

Inversion means turning something around. To make the question you invert the subject and the verb.

Example: *Tu sors.* – You are going out.

Sors-tu? – Are you going out?

With inversion you need to add a '*t*' before '*il*' or '*elle*' if the verb ends in a vowel, otherwise the phrase would be difficult to pronounce.

Example: *Il aime la musique.* – He likes music.

Aime-t-il la musique? – Does he like music?

3. Intonation

A question can also be made by raising the pitch of your voice at the end of a statement. This way is only suitable for speech. The little phrase '*n'est-ce pas*' is also often added in spoken phrases. In written phrases, a question mark is added at the end of the sentence.

Example: *Tu sors, n'est-ce pas?* – You are going out, aren't you?

Question Words

Comment? (How?)	*Comment vas-tu?* (How are you?)
Combien? (How many?)	*Combien de frères as-tu?* (How many brothers have you?)
Où? (Where?)	*Où habites-tu?* (Where do you live?)
Quand? (When?)	*Quand est ton anniversaire?* (When is your birthday?)
De quelle couleur est . . . ?	(What colour is . . . ?)
Quel? (What?)	*Quel âge as-tu?* (How old are you?)
À qui? (Whose?)	*À qui est ce pull?* (Whose jumper is this?)
Pourquoi? (Why?)	*Pourquoi est-ce que Marie sort?* (Why is Marie going out?)

Note: With '*pourquoi*' you must use '*est-ce que*' or inversion.

L'Impératif (The Imperative)

Imperatives are orders, requests or suggestions like 'stand up', 'give me the book', 'let's go'. In French there are three forms of the imperative:

1. the '*tu*' form for friends and family,
2. the '*vous*' form for people you do not know well or for more than one person and
3. the '*nous*' form, when you want to say 'let's' do something.

Formation of the Imperative

To form the imperative of a verb take the '*tu*', '*nous*' and '*vous*' forms of the present tense and drop the pronouns.
Example:

tu finis – you finish	*Finis les devoirs.* – Finish the homework.
nous lisons – we read	*Lisons le livre.* – Let's read the book.
vous écoutez – you listen	*Écoutez la chanson.* – Listen to the song.

With the '*tu*' form of 'er' verbs, you also drop the 's'.
Example:

tu vas – you go	*Va au cinéma.* – Go to the cinema.
tu manges – you eat	*Mange la pomme.* – Eat the apple.

Impératifs Irréguliers (Irregular Imperatives)

The imperatives of the verbs '*avoir*', '*être*' and '*savoir*' are irregular.

Table 5.13

Avoir	(to have)	Être	(to be)	Savoir	(to know)
aie	have	sois	be	sache	know
ayons	let us have	soyons	let us be	sachons	let us know
ayez	have	soyez	be	sachez	know

✎ *Now test yourself*

Translate these short phrases.
1. I never sleep.
2. I didn't go.
3. He has no more sweets.
4. I have no pencils or pens.
5. Do you play sport?
6. How many books?
7. When are you going out?
8. Let's go to the beach.
9. Paul, read the book.
10. What colour is the car?

Les Pronoms (Pronouns)

A pronoun (e.g. he, she, it, them) takes the place of a noun.
Example: Marie drives a car.
            She drives a car.
Here 'she' is the pronoun because it takes the place of the noun 'Marie'.

Les Pronoms Personnels (Personal Pronouns)

Subject Pronouns

These are the familiar pronouns that are learnt with verbs.

Forms: **je** *donne* (I give)
          tu *donnes* (you give)
          il *donne* (he gives)
          elle *donne* (she gives)
          on *donne* (one gives)
          nous *donnons* (we give)
          vous *donnez* (you give)
          ils *donnent* (they give)
          elles *donnent* (they give)

Direct Object Pronouns

The object of a sentence is the noun or pronoun that the verb is acting on.

Example: I eat the meat.
 I eat it.

In this example 'the meat' is the object and 'it' is the object pronoun.

Forms: *me* (me)
 te (you)
 le (him/it)
 la (her/it)
 nous (us)
 vous (you)
 les (them)

Indirect Object Pronouns

Indirect objects are called indirect because the word 'to' comes before the object or the object pronoun.

Example: I give the meat to Marie.
 I give the meat to her.

In this example 'to Marie' is the indirect object and 'to her' is the indirect object pronoun.

Forms: *me* (to me)
 te (to you)
 lui (to him/to her)
 nous (to us)
 vous (to you)
 leur (to them)

Les Pronoms Réfléchis (Reflexive Pronouns)

These are the pronouns that are used with reflexive verbs.

Forms:
me (myself)	— je me lave
te (yourself)	— tu te laves
se (himself/herself/oneself)	— il/elle/on se lave
nous (ourselves)	— nous nous lavons
vous (yourselves)	— vous vous lavez
se (themselves)	— ils/elles se lavent

The Pronoun 'Y'

The pronoun '*y*' has two uses.
1. It can mean 'to there/to it' replacing a place that has already been mentioned.
Example: *Nous allons à la piscine.* – We go to the pool.
             Nous y allons. – We go there.

2. It can replace a noun referring to things (but not to persons) in a sentence where the verb is followed by '*à*'.
Example: *Nous pensons aux examens.* – We are thinking of the exams.
             Nous y pensons. – We are thinking about them (i.e. the exams).

The Pronoun 'En'

The pronoun '*en*' has two uses.
1. It can mean 'from (out of) there'.
Example: *Il a mis la main dans sa poche.* – He put his hand in his pocket.
             Il en a sorti un billet. – He took a note out of it.

2. It can mean 'some', 'any', 'of it', 'about it', 'of them'. In this case it replaces '*de*' and the noun that '*de*' precedes.
Example: – *Que penses-tu de ton cadeau?* – What do you think of your present?
         J'en suis ravie. – I am delighted about it.
       – *Elle a mangé du gâteau.* – She ate some cake.
         Elle en a mangé. – She ate some (of it).

L'Ordre des Pronoms (Order of Pronouns)

In French, pronouns are normally placed immediately before the verb.
Example: *Je la vois.* – I see her.
If more than one object pronoun and/or '*y*' and '*en*' are used in the same sentence, they have to be put in the following order.

Table 5.14

me				
te	le			
se	la	lui	y	en
nous	les	leur		
vous				

In other words 'me, te, se, nous' and 'vous' come before 'le, la' and 'les' which come before 'lui' and 'leur' which come before 'y' which comes before 'en'.
The following examples show this order at work:

– Il reçoit la lettre.	– He receives the letter.
– Il la reçoit.	– He receives it.
– Il donne le livre à Marie.	– He gives the book to Marie.
– Il le lui donne.	– He gives it to her.
– Il ne comprend pas la blague.	– He doesn't understand the joke.
– Tu dois la lui expliquer.	– You have to explain it to him.
– Elle nous a déjà parlé.	– She already spoke to us.
– Elle nous en a déjà parlé.	– She already spoke to us about it.

Now test yourself

Replace the underlined word with the correct pronoun.
1. Il lit la lettre.
2. Elle donne le livre à Paul.
3. Elle mange du pain.
4. Ils viennent de Dublin.
5. Je vais au cinéma.
6. Nous verrons mes cousins en ville.
7. Je vois la maison.
8. Ma mère est en France.
9. Elle donne son cahier à Marie.
10. Tu aimes le sport.

Les Pronoms Relatifs (Relative Pronouns)

A relative pronoun is a word that replaces a noun and links two parts of a sentence. The most common relative pronouns in French are 'qui', 'que' and 'dont'.

'Qui' and 'que' translate as 'who', 'which', 'that' or 'whom' in English.

> 'Qui' is the subject of the verb following it.
> 'Qui' is never shortened.
> 'Que' is the object of the verb following it.
> 'Que' shortens to 'qu' before a vowel or a silent 'h'.

Example:
La fille qui joue est très grande. — The girl who is playing is very tall.
La fille qui aime mon frère est jolie. — The girl who likes my brother is pretty.
Le livre que tu lis est excellent. — The book that you are reading is excellent.
Le livre qu'elle lit est excellent. — The book that she is reading is excellent.

Note: If you find it difficult to know whether to use '*qui*' or '*que*' remember that '*qui*' will always be followed by a verb whereas '*que*' will be followed by a personal pronoun.

'*Dont*' means 'whose', 'of whom' or 'of which'. It is used instead of '*qui*' or '*que*' with verbs that are followed by '*de*'.
Example:
La fille dont je te parlais est jolie. — The girl I was telling you about is pretty.

Les Pronoms Possessifs (Possessive Pronouns)

A possessive pronoun tells us to whom a thing belongs. It must agree in number and in gender with the noun it is replacing.

Example: *J'aime ton chien mais je préfère le mien.* – I like your dog but I prefer mine.
Ma maison est en ville, où est la tienne? – My house is in town, where is yours ?

Table 5.15

	Masculine singular	*Feminine singular*	*Masculine plural*	*Feminine plural*
mine	le mien	la mienne	les miens	les miennes
yours	le tien	la tienne	les tiens	les tiennes
his/hers/its	le sien	la sienne	les siens	les siennes
ours	le nôtre	la nôtre	les nôtres	les nôtres
yours	le vôtre	la vôtre	les vôtres	les vôtres
theirs	le leur	la leur	les leurs	les leurs

Les Pronoms Toniques (Disjunctive Pronouns)

Forms: *moi* (me)
toi (you)
lui (him)
elle (her)
soi (oneself)
nous (us)
vous (you)
eux (them) (m.)
elles (them) (f.)

These pronouns are called disjunctive pronouns because they stand on their own and are not connected to the verb. They are used:

1. after prepositions.
Example: *avec nous* – with us
chez moi – at my house

2. for emphasis.
Example: *Moi, je déteste le sport.* – Me, I hate sport.
Lui, il est très doué. – He, he is very talented.

3. in comparisons.
Example: *Elle est plus petite que toi.* – She is smaller than you.
Il est plus intelligent qu'elle. – He is more intelligent than her.

4. to express possession.
Example: *Ces livres sont à nous.* – These books are ours.
Cette maison est à elle. – This house is hers.

5. before '*même*' to mean 'self' or 'selves'.
Example: *moi-même* – myself
eux-mêmes – themselves

✎ Now test yourself

Translate the following phrases.
1. The boy who is reading is Irish.
2. He has a dog who is brown.
3. The girl that I am talking about is tall.
4. Your car is green, mine is red.
5. My sister is tall, his is small.
6. Our dad is a teacher, yours is a doctor.
7. She is taller than you.
8. You, you love swimming.
9. He is coming with us.
10. He works with me.

6. SOLUTIONS AND SAMPLE ANSWERS

Section I (160 marks)

Reading Comprehension

Words or phrases which are not necessary for full marks are enclosed in round brackets.

2003
Question 1 – 40 marks (10 × 4)

1. Either of the following:
   – serve chips and hamburgers
   – defrost steaks in the kitchen
2. Either of the following:
   – present yourself at your local Quick or McDonald's with your CV and an identity card
   – Contact the Fédération Nationale de l'Industrie Hôtelière on 01.53.00.14.14
3. a computer
4. Any of the following:
   – friendly
   – patient
   – polite

5. (a) supervise evening study (b) supervise when the students come out of school
6. 975,67€
7. Pick them up from school
8. sixteen
9. Either of the following:
   – local newspapers/press
   – the website *www.youpala.com*

Question 2 – 40 marks (10 × 4)

1. 15 litres
2. by bike
3. paper
4. fruit and cheese
5. it is dirty
6. once a day
7. Any two of the following:
   – television
   – video player
   – stereo/hi-fi
8. (c)

Question 3 – 40 marks (10 × 4)

1. (i) Any one of the following:
   – Le tournage de *Scoubidou* en Australie a été l'un des plus beaux moments de ma vie.
   – C'était très prenant.
   – Sydney est une ville superbe où je n'aurais aucun mal à vivre plus longtemps.
   – Toutes ces semaines en Australie m'ont laissé un goût de paradis.
   (ii) (a)
2. Any two of the following:
   – J'essaie petit à petit de montrer que je peux jouer d'autres rôles.
   – C'est bien de changer de registre.
   – Il faudrait arriver à pouvoir jouer plein de personnages différents.

3. Cindy Bandolini
4. Either of the following:
   – changer
   – casser
5. (i) pour protéger leur amour
   (ii) Either of the following:
      – droit
      – sérieux
6. Any two relevant points determined by the text (4 + 4), e.g.
   – Yes, because she is closer than ever to Freddie.
   – She loved her time in Australia.
   – She is enjoying the challenge of playing new roles.
   – She has found balance/stability/harmony with Freddie.
   – She has a very enriching relationship with Freddie.
   – She is engaged to be married soon.

Question 4 – 40 marks (10 × 4)

1. (i) Any one of the following:
      – J'aimais les retours à la maison de mes frères et sœurs.
      – C'était la vraie fête.
      – Ils avaient tous plein d'histoires de dortoirs, de profs et de toutes sortes d'activités extraordinaires.
      – Nous les petits, on les écoutait bouche bée, on était au spectacle.
   (ii) (b)
   (iii) Either of the following:
      – Je brûlais d'impatience.
      – Je me rêvais pensionnaire.
2. (i) passé l'examen pour obtenir une bourse (à Saint-Malo)
   (ii) dix ans et demi
   (iii) Either of the following:
      – en octobre
      – à la rentrée
3. (i) & (ii) Any two of the following:
      – jouer dans la cour
      – retrouver les poules
      – aller chercher le lait à la ferme
      – se promener à la forêt

4. Any two relevant points determined by the text (4 + 4), e.g.
   – Yes, he imagined boarding school was a wonderful place.
   – He thought boarding school was full of adventures and secrets.
   – He believed boarding school to be a magical life in town.
   – He loved hearing stories about boarding school.
   – He couldn't wait to go to boarding school.
   – He was very excited about starting boarding school.
   – Boarding school had a big dormitory with cold metal beds.
   – He found that boarding school was a sad/depressing place.
   – He knew nobody apart from his brother.
   – He is homesick and prays to God to send him home.

2002
Question 1 – 40 marks (10 × 4)

1. Any two of food, accommodation, transport
2. Half fare/price on coaches/buses
3. Beaches/seaside
4. Youth hostels and camping
5. (To rebuild the) economy
6. Train and boat
7. Any two of young, dynamic, in the south, Swedish, one of 24,000 islands

Question 2 – 40 marks (10 × 4)

1. (i) Any two of houses, shops, mills
   (ii) They will not forget it
2. Entry/visit is free
3. 02 51 57 77 14
4. Any two of boat trips, botanical walks/paths, fishing
5. Castles/châteaux
6. Daily family life/war
7. On foot and by bike

Question 3 – 40 marks (10 × 4)

1. (i) Mais il se blesse et son docteur lui interdit le sport pendant quelques mois.
   (ii) Pour occuper son temps libre.

2. (i) & (ii) Any two of the following:
   – Il a un agent qui lui trouve un rôle dans la pièce *Finding the Sun* de Edward Albee.
   – Il devient une vedette de télévision.
   – Le nom de James Van Der Beek est sur toutes les lèvres.
   – Le cinéma lui fait les yeux doux/et il obtient un rôle dans *I Love You . . . I Love You Not*.
3. (i) méchant.
   (ii) (Parce que) son père a insisté qu'il fasse des études de finance et de comptabilité.
4. Il est allé à New York/il a déménagé pour New York.
5. Any one of the following: (se)blesse/interdit/(se) joint/joue
6. (i) James Van Der Beek. Any one of the following:
   Yes – because he pursued his studies at Drew University in New Jersey.
   Yes – because he is doing a course in English literature and sociology.
   Yes – because he went to university.
   (ii) Kerr Smith. Any one of the following:
   Yes – because he has a diploma in Finance/(and Accounting).
   Yes – because he began his own business/enterprise.
   Yes – because he started a business.

Question 4 – 40 marks (10 × 4)

1. (i) (Elle l'attend depuis) une heure
   (ii) b
   (iii) d
2. (i) d
   (ii) Elle ne lui a pas demandé/elle n'a pas demandé/ils ne se connaissent pas encore assez.
3. – (elle avait compris qu') Anne se sentait seule (depuis le déménagement).
   – Elle s'inquiétait pour sa fille qui, avant, avait été si populaire à Toulouse.
   – Elle était bonne mère.
4. (i) (Parce que) le téléphone a sonné/elle a couru pour répondre au téléphone.
   (ii) Any of the following:
   – Sa mère allait parler pendant au moins une demi-heure.
   – Sa mère est/était bavarde.
   – Sa mère a couru pour répondre au téléphone.
   – Là s'est arrêté l'interrogatoire parce que le téléphone a sonné.

5. Any two relevant points determined by the text (4 + 4), e.g.
   – Good relationship because mother was worried when Anne was not at home
   – Mother wanted to know where she was
   – Questioned her about the boy
   – Mother was waiting for her
   – Concerned about what his parents did
   – Worried about him smoking
   – Happy that Anne had a new boyfriend
   – Good mother because she worries about Anne feeling lonely since they moved
   – Not a great relationship – Anne does not reveal all to mother
   – Mother is distrusting of Anne – questions her a lot
   – Anne admits that her mother tries to be a good mother and worries about her
   – She loves her

2001
Question 1 – 40 marks (10 × 4)

1. Any two of the following:
   – to travel
   – to dream
   – to educate oneself/instruct
   – to enjoy oneself/amusement
   – to help them to learn
   – to benefit more from television
   – to improve one's mind
2. Any one of the following:
   – *Roi Lion II*
   – *Pocahontas II*
   – *Lion King II*
3. Either of the following:
   – *10 belles histoires de Pomme d'Api no.3*
   – *Pomme d'Api*
4. Any three of the following:
   – Alex is separated from his father
   – Alex is 11 years old

- Manages on his own
- True story
- It's about survival
- Happens in a ghetto (during the last war)
- Full of emotion (feeling)
- Film of hope
- His only friend is a mouse.
- Alex is going to build a secret hiding place/refuge

5. Any one of the following:
   - *Je vais t'apprendre la politesse*
   - *La politesse*
   - *Il était une fois . . . l'homme*
6. Any two of the following:
   - sailing/navigation
   - whales
   - coral reefs
   - Amazonian (rain) forest
   - Wind/geography/ocean (2 marks)

Question 2 – 40 marks (10 × 4)

1. Any two of the following:
   - a sweet
   - cream
   - a drink
   - liqueur
   - dark/plain/black (chocolate)
   - milk (chocolate)
   - white (chocolate)
   - simple
   - sophisticated
2. Either of the following:
   - on the back of bars of dark chocolate
   - on the back of the wrapping/packet of bars of dark chocolate
   - on the wrapping/packets of bars of dark chocolate (3 marks)
   - bars of dark chocolate (2 marks)
   - bars of chocolate (1 mark)

3. Any two of the following:
   – Easter
   – Christmas
   – New Year (New Year's Day)
   – All happy occasions of life
   – Happy occasion
   – Feasts/feasts days/festivals
4. Advantage: gives energy/energetic
   Disadvantage: either of the following:
   – fattening
   – one must eat it in moderation
5. (i) (c)
   (ii) Any two of the following:
   – anti-stress
   – reduces stress
   – causes pleasure
   – the organism makes its own morphine
   – stimulates feeling of happiness
   – slows down the production of adrenaline

Question 3 – 40 marks (10 × 4)

1. (pour) des raisons de budget (. . . vite)
2. Any one of the following:
   – davantage de moyens et de temps ont été mis à ma disposition.
   – J'ai moi-même choisi certains morceaux (comme *Satisfaction* . . . Stones).
   – J'ai (donc) decidé de travailler la chanson de mon côté.
   – J'ai fait cette proposition à Max . . . producteurs.
   – Concernant *Oops . . . I Did It Again* les choses ont été différentes (2 marks).
3. Any one of the following:
   – (Au début de ma carrière), j'avais peur des interviews (et des conférences de presse).
   – me retrouver seule, face à un groupe de journalistes (inconnus, souvent ironiques) me faisait complètement stresser.
   – journalistes . . . stresser.
   – je suis d'une nature plutôt timide (2 marks).
4. (a) Felicia/(une amie de sa mère)
       – Felicia, une amie de ma mère (3 marks).

(b) Any one of the following:
- (Même si nous ne sommes pas de la même génération) nous nous comprenons parfaitement.
- Avec elle je peux discuter (de tout ce que j'ai sur le cœur).
- (Sur certains sujets, comme les garçons, que je n'ose toujours aborder avec maman), je n'hésite pas à me confier à Felicia.
- (Et puis) elle me permet de garder la tête froide.
- (Contrairement aux personnes qui m'entourent), elle n'hésite pas à me remettre à ma place quand c'est nécessaire.

5. Any one of the following:
   - ma
   - même
   - froide

6. Any two of the following:
   - se balader (seule sur la plage).
   - Elle lisait un bon bouquin (au soleil).
   - découvrir l'île (et ses merveilles).

7. Any two of the following:
   - She has confidence in herself.
   - She takes things in a relaxed fashion.
   - The night before a performance she sleeps like a baby/log.
   - She has a good relationship with her mother's friend.
   - On holiday she got up early.
   - Initially she was lacking in maturity but now she is more confident.
   - accept any evidence of maturity.
   - evidence of lack of maturity acceptable provided it is supported from the text.

Question 4 – 40 marks (10 × 4)

1. Quand elle était sûre que ses parents dormaient
   - Quand j'étais sûre que mes parents dormaient. (3 marks)
   - (Il ne passait jamais personne dans ce quartier) après vingt-deux heures. (3 marks)

2. (a) & (b) Any two of the following:
   - Je descendais silencieusement l'escalier.
   - ouvrir sans bruit la porte (verte).
   - J'étais tranquille.

- (Si des noctambules me dérangeaient) je rentrais vite (me réfugier dans l'entrée).
- Je refermais sur moi la porte (en attendant qu'ils aient disparu).

3. (a) (la fente de) la boîte aux lettres.
   (b) Quand elle voyait que Léa/la narratrice n'était pas dans sa chambre
     - quand elle voyait que je n'étais pas là. (3 marks)
     - Elle était affolée/inquiète. (2 marks)

4. (a) Any one of the following:
     - Aucun bruit ne circulait sur eux.
     - On n'en disait rien de spécial dans le quartier.
     - On les ignorait.
     - Ils ne recevaient jamais de courrier.
     - Aucune lettre ne dépassait de la boîte (pour effleurer le pardessus d'un passant).
   (b) Either of the following:
     - (Elle/Jasmine travaillait) à l'usine.
     - (Elle vivait) à l'usine.
   (c) Either of the following:
     - les mains toutes blessées (et rugueuses à cause de son travail).
     - (elle avait) les paumes teintes au henné.

5. Any two relevant points acceptable for full marks, e.g.
   - No, because Léa used to make sure her parents were sleeping before going downstairs to talk to Malik.
   - No, because she used to deceive her mother regarding her absence from her bedroom.
   - No, because she found Jasmine to be more beautiful than her own mother.
   - Yes, because her mother believed her.
   - Yes, because her mother worried about her when she wasn't in her bedroom.
   - Yes, because of her manner of addressing her mother.

Section II (60 marks)

Written Expression

A(a) Cloze Test

30 marks (10 gaps for 3 marks each). Where the word has been copied incorrectly, including accents, deduct one mark.

2003
1. mixte
2. porter
3. rouge
4. pas
5. en
6. heures
7. à
8. demi
9. de
10. sont

2002
1. lettre
2. cherche
3. depuis
4. en
5. camping
6. belle
7. touristes
8. que
9. ma
10. font

2001
1. moi
2. ferai
3. séjour
4. ta

5. couches ✓
6. différentes ✗
7. pas ✓
8. manger ✗
9. tennis ✓
10. vite ✓

A (b) Form-Filling

2003

Questions 1, 2, 3, 4, 5: 2 marks each = 10 marks
Questions 6–9 marked as a unit = 20 marks
1. O'Brien
2. Patrick/Patricia
3. le 14 avril 1987
4. Cork
5. Anglais et français
6. Le travail d'un vendeur/d'une vendeuse m'intéresse beaucoup parce que j'aime bien rencontrer de nouveaux gens.
7. L'été dernier j'ai travaillé deux mois comme vendeur/vendeuse dans un magasin de sport.
8. Je peux travailler à partir du 20 juin jusqu'au 10 septembre.
9. Je m'intéresse à la lecture et au sport. Je joue au foot et au basket pour l'équipe de l'école.

2002

Questions 1, 2, 3, 4, 5: 2 marks each = 10 marks
Questions 6-9 marked as a unit = 20 marks
1. Ó/Ní Ríordáin/O'Riordan
2. Noël/Noëlle
3. le 3 juin 1989
4. J'étudie le français depuis cinq ans/cinq années d'étude.
5. le mois de juin/juin (or any month correctly spelt)
6. J'ai deux frères et pas de soeur. Mes frères ont treize ans et seize ans. Mon père est professeur et ma mère travaille à la maison.
7. Mes passe-temps préférés sont le sport et la lecture. J'aime surtout la natation.

8. Je veux faire cet échange parce que je voudrais bien passer un séjour en France et perfectionner mon français.
9. J'irai en France en avion.

2001
Questions 1, 2, 3, 4, 5: 2 marks each = 10 marks
Questions 6-9 marked as a unit = 20 marks
1. Fitzgerald/Mac/Nic Gearailt
2. Micheál/Michelle
3. J'ai dix-sept ans (17 ans)
4. Dublin
5. Masculin/féminin
6. Je voudrais améliorer mon français et rencontrer des jeunes français.
7. Je parle couramment l'anglais et l'irlandais et j'étudie le français depuis cinq ans.
8. Mes matières préférées à l'école sont l'anglais, l'histoire et le français.
9. J'ai choisi Euroécole de Rennes parce que mon prof m'a dit que c'est super et je voudrais améliorer mon français oral.

B (a) Messages
2003 Sample Answer

> Cher Marc,
> Juste un petit mot pour te dire que pendant ton absence ton ami Didier a téléphoné. Il va rappeler demain. Moi, je suis allé à la boulangerie acheter du pain pour le déjeuner. Je voudrais aller au cinéma et à la discothèque ce soir. Veux-tu venir avec moi?
> Paul

2002 Sample Answer

> Chère Louise,
> Juste un petit mot pour te dire que je suis allée en ville faire des courses pour ma mère qui est malade. Elle a la grippe. Je serai de retour à midi pour le déjeuner. Cet après-midi j'espère aller à la piscine avec mes amis. Veux-tu venir avec nous?
> Marie

2001 Sample Answer

> Chère Martine,
> Juste un petit mot pour te dire que pendant que tu étais en ville, ton frère, David, a téléphoné. Il va rappeler demain à dix-sept heures. Il va se coucher tôt ce soir parce qu'il doit travailler demain matin. J'espère que tu t'es bien amusée en ville.
> Marie

B (b) Postcards

2003 Sample Answer

> Chère Claire,
> Comment vas-tu? Moi, je vais très bien. Je suis en vacances en France avec ma famille. Le paysage est très beau et les gens sont très amicaux. Je m'amuse bien. J'espère visiter Paris avant de rentrer en Irlande, je veux voir la Tour Eiffel.
> Amitiés, Marie

2002 Sample Answer

> Cher Xavier,
> Comment vas-tu? Moi, je suis très occupé en ce moment à cause de mes examens. Hier j'ai passé l'examen de maths et c'était très difficile. La semaine prochaine j'espère aller en vacances avec ma famille. Nous allons rester dans un hôtel au bord de la mer. Ça sera super.
> Amitiés, Marc

2001 Sample Answer

> Cher Paul,
> Me voici en vacances à la campagne. Je suis arrivé sain et sauf vendredi soir. Je suis dans une auberge de jeunesse et la nourriture est très bonne. Hier j'ai mangé du poulet rôti avec des frites. Demain j'espère faire une longue promenade parce qu'il fait très beau. Je serai de retour la semaine prochaine.
> Amitiés, Marc

C (a) Diary Entry

2003 Sample Answer

Cher Journal,

Je viens de passer une journée difficile, mon dernier jour à l'école secondaire. J'étais très triste de dire au revoir à mes amis mais je suis contente parce que j'ai pris de belles photos. Je vais garder de bons souvenirs de tout le monde. Le Leaving Cert commence dans une semaine et j'espère que les examens ne seront pas trop difficiles. Je vais me coucher maintenant parce que j'ai beaucoup de révisions à faire demain.

Marie

2002 Sample Answer

Cher Journal,

Je viens de passer une journée chouette. Je suis allée rendre visite à mes grands-parents à Galway. Ils habitent à la campagne dans un petit village qui s'appelle Bearna. Ils étaient très contents de me voir. Il a fait très beau, pas une goutte de pluie. J'ai fait une longue promenade avec ma grand-mère et nous avons beaucoup parlé. Je me suis très bien amusée. Malheureusement, le voyage a pris trois heures et je suis très fatiguée. Je dois aller me coucher.

Marie

2001 Sample Answer

Cher Journal,

Je viens de passer une soirée super. Je suis allée au cinéma avec Paul. Nous avons vu un film policier avec Pierce Brosnan. Ce n'était pas mal mais je préfère les films comiques. Après nous sommes allés au café pour rencontrer son frère David qui est très sympa. Nous avons bavardé pendant une heure et je suis rentrée chez moi à onze heures. Maman était un peu fâchée mais moi, je me suis très bien amusée.

Marie

C (b) Letter Writing (30 marks)

Marking scheme for formal letters:
Layout of top of page = 3 marks
Closing formula = 3 marks
Communication = 12 marks (3 tasks with 4 marks each)
Language = 12 marks

2003 Sample Answer

> Seán O'Rourke,
> The Square,
> Thurles,
> Co. Tipperary,
> Irlande.
>
>   Thurles, le 10 juin 2003
>
>   Monsieur le Gérant,
>   Hôtel Clément,
>   21 boulevard Georges Pompidou,
>   42000 Saint-Etienne,
>   France.
>
> Monsieur,
>
> J'ai l'intention d'aller en France avec des amis au début de mois de juillet. Je voudrais réserver trois chambres à deux lits pour deux nuits dans votre hôtel. Nous arriverons le quatre juillet et repartirons le six juillet.
>
> Je vous serais très reconnaissant de bien vouloir confirmer cette réservation et de m'indiquer vos tarifs. Veuillez aussi me faire savoir si le petit déjeuner est compris.
>
> Je vous prie d'agréer, Monsieur, l'expression de mes sentiments distingués.
>
>   Seán O'Rourke

2002 Sample Answer

Patricia McEvoy,
O'Connell St,
Sligo,
Irlande.

                Sligo, le 11 juin 2002

                Monsieur le Gérant,
                Hôtel St Georges,
                5 rue Auger,
                63000 Clermont-Ferrand,
                France.

Monsieur,

    J'aimerais travailler dans votre hôtel l'été prochain. J'ai déjà beaucoup d'expérience pour ce genre de travail et je parle bien le français. Pendant les dernières vacances d'été j'ai travaillé deux mois comme femme de chambre dans un grand hôtel à Dublin.

    Je serai disponible à partir du vingt juin jusqu'à fin août. Vous trouverez ci-joint une lettre de recommandation de mon dernier employeur et mon c.v.

    Espérant que vous prendrez ma demande en considération, je vous prie d'agréer, Monsieur, l'expression de mes sentiments distingués.

        Patricia McEvoy

2001 Sample Answer

Kieran Duffy,
Main Street,
Ballina,
Co. Mayo,
Irlande.

                      Ballina, le 12 juin 2001.

                      Syndicat d'Initiative,
                      36 rue Pascale,
                      69000 Lyon,
                      France.

Monsieur,

    J'ai l'intention de passer trois semaines à Lyon cet été au mois de juillet. Pourriez-vous m'envoyer des renseignements sur la région et un plan de la ville. Quelles sont les possibilités de loisirs dans la région? J'aime bien le cyclisme et je voudrais savoir s'il est possible de louer des vélos. Veuillez aussi m'indiquer où se trouve la gare SNCF parce que j'ai l'intention de voyager en train.

    Vous trouverez ci-joint une enveloppe timbrée à mon adresse.

    En vous remerciant d'avance, je vous prie d'agréer, Monsieur, l'expression de mes sentiments distingués.

Kieran Duffy

Section III

Listening Comprehension (100 marks)

You do not have to give the exact wording of these solutions. If the correct answer is given you will obtain full marks for your answer, whatever the wording.

2003
Section I – 15 marks (3 × 5)

1. (d)
2. (a)
3. (b)

Section II – 25 marks (5 × 5)

1. (b)
2. Any one of the following :
   – learning/school support
   – cultural outings
   – games
   – plastic arts/modelling
3. (d)
4. (i) (d) Tours
   (ii) (a)

Section III – 20 marks (4 × 5)

1. (c)
2. May
3. (d)
4. (a)

souvent – often

Section IV – 25 marks (5 × 5)

1. (c)
2. (i) (a)
   (ii) Any one of the following:
   – see exhibitions
   – visit museums
   – (continue to) paint
3. (b)
4. (c)

Section V – 15 marks (3 × 5)

1. (b)
2. (c)
3. (c)

2002

Section I – 15 marks (3 × 5)

1. (c)
2. (c)
3. Any of the following:
   – nightclub/disco
   – billiard/snooker/pool
   – after-school activities

Section II – 20 marks (4 × 5)

1. (b)
2. (i) (a)
   (ii) (d)
3. (a)

Section III – 20 marks (4 × 5)

1. (b)
2. (d)
3. (b)
4. Shops must stay closed on Sunday.

Section IV – 25 marks (5 × 5)

1. (c)
2. (i) (b)
   (ii) (a)
3. (a)
4. (d)

Section V – 20 marks (4 × 5)

1. (i) Tomorrow/next day
   (ii) (b)
2. (d)
3. (b)

2001
Section I – 15 marks (3 × 5)

1. (c)
2. Any one of the following:
   – prunes rose bushes/roses
   – (shopping in the) flower market
   – the market
   – strolls around
3. (d)

Section II – 20 marks (4 × 5)

1. Any one of the following:
   – joy
   – sadness
   – boredom
2. (c)
3. (a)
4. (c)

Section III – 25 marks (5 × 5)

1. (a) Any one of the following:
    - last summer
    - during the summer
    - (nearly) six months ago

   (b) In Brittany
2. (a)
3. Any one of the following:
    - very sincere
    - frankness
    - sense of humour
    - he makes her laugh
4. (b)

Section IV – 20 marks (4 × 5)

1. (b)
2. Any one of the following:
    - Guidance counsellor/teachers
    - Parents
3. (b)
4. Any one of the following:
    - face
    - lip
    - back

Section V – 20 marks (4 × 5)

1. (i) (a)
   (ii) Lille
2. (d)
3. Either of the following:
    - (importing) hash (to Indonesia)
    - drugs

State Examinations Commission

LEAVING CERTIFICATE EXAMINATION, 2006

FRENCH – ORDINARY LEVEL (220 marks)

TUESDAY, 13 JUNE – MORNING, 9.30 to 12.00

SECTION I (160 marks)

Répondez aux questions **1** à **4**. Aux questions posées en irlandais/anglais il faut répondre en irlandais ou en anglais.

1. *The following passage is taken from the website of* **Bison Futé**, *an organization which gives information and advice to road-users in France.*

1. Indispensable pour connaître l'état du trafic, les prévisions routières, les travaux dans la région de votre choix et les jours à éviter sur les routes. Sans cesse remis à jour, le site de **Bison Futé** vous suit dans tous vos voyages.

2. Véritable nid à conseils aussi: vitesse et conduite la nuit. **Bison Futé** donne des renseignements sur les points chauds de l'été et propose un choix d'itinéraires pour éviter les embouteillages et les bouchons et autres difficultés de la route.

PAS DE TÉLÉPHONE AU VOLANT!

LES CONSEILS PRATIQUES
Il faut choisir: conduire ou téléphoner.
Lorsque vous prenez le volant, éteignez votre portable.

3. **Si vous êtes seul à bord du véhicule:**
   - Coupez la sonnerie de votre téléphone.
   - Branchez la messagerie.
   - Arrêtez-vous dans un lieu adapté et autorisé pour téléphoner ou écouter les messages.

4. **Si vous devez recevoir un appel:**
   - Utilisez la messagerie.
   - Rappelez dès que vous pourrez vous arrêter en toute sécurité et dans un endroit autorisé.
   - Si une personne vous accompagne, elle peut répondre, préciser que vous êtes au volant et que vous rappellerez plus tard.

5. **Si vous souhaitez appeler de votre véhicule:**
   - Arrêtez-vous impérativement dans un lieu autorisé.
   - Rappelez-vous que le KIT main libre n'est pas une solution. Le conducteur reste distrait par la conversation et multiplie par deux son temps de réaction.

6. **Si vous souhaitez prévenir les secours en cas d'accident ou de panne:**
   - Utilisez à l'arrêt et en toute sécurité votre téléphone portable en composant le **112** et en précisant la localisation exacte de l'incident.
   - Attention toutefois sur autoroute. Utilisez les bornes d'appel d'urgence pour vous signaler plutôt que le portable difficilement localisable.

ANSWER IN ENGLISH

1. Explain why *Bison Futé* is indispensable for road users. **Two** details. (**Section 1**)

    (a) _____

    (b) _____

2. *Bison Futé* gives a lot of advice and information to travellers. Give **two** examples. **(Section 2)**

   (a) _____

   (b) _____

3. If you are alone in your car, what does the website advise you to do? **Two** details. **(Section 3)**

   (a) _____

   (b) _____

4. What should you do if you have to take a phone call? **One** detail. **(Section 4)**

5. What can you ask a passenger in the car to do? **One** detail. **(Section 4)**

6. Why is the hands-free kit not the perfect solution? **(Section 5)**

7. When should you dial the number 112? **(Section 6)**

2. *This article offers advice to young French people who are interested in spending a year abroad.*

L'APPEL
du large

Vous voulez maîtriser une langue étrangère, connaître une autre culture? Émigrez un an à l'étranger.

1. C'est décidé, vous partez à l'étranger!

Rappelez-vous simplement que l'on ne part ni pour oublier son quotidien ni pour prendre un an de vacances, mais pour s'immerger pendant une année dans une famille d'accueil et suivre des cours dans un lycée ou dans une fac.

2. Partir quand?

Pendant les années lycée, vous pouvez faire un break ... ou partir, une fois votre bac en poche, dans un lycée à l'étranger. Rappelons que la formule n'est possible qu'à partir de 15 ans. Mais revenir bilingue peut ainsi permettre à ceux qui reprennent le lycée là où ils l'avaient quitté de gagner des points au bac. Les futurs étudiants qui partent après le bac abordent, à leur retour, la rentrée universitaire avec une bonne dose de maturité.

3. Tests de sélection
- **Présentez de bons résultats scolaires**

Les organismes spécialisés examinent votre dossier scolaire. Une épreuve d'anglais est obligatoire. Il vous faut passer le TOEFL.

- **Faites preuve d'une motivation sans faille**

Le soutien des parents doit être également solide. Vous assisterez ensuite à plusieurs réunions avec d'autres jeunes qui ont déjà passé du temps à l'étranger et qui vous feront partager leurs expériences. Si votre motivation est toujours intacte, vous pourrez commencer à préparer vos valises.

4. Quand s'inscrire et partir combien de temps?

Inscrivez-vous entre décembre et avril pour partir entre juillet et septembre et revenir en juillet de l'année suivante. De toute façon, il convient de partir au moins pour six mois. Une durée qui permet de s'intégrer dans le pays d'accueil, d'apprendre une langue.

5. Où partir?

Canada ou Chine, la formule d'un an à l'étranger permet vraiment de choisir parmi un grand nombre de pays. Attention, là encore, il ne s'agit pas seulement de faire du tourisme. Alors, ne pointez pas votre doigt au hasard sur une carte pour choisir. Privilégiez plutôt l'apprentissage d'une langue étrangère, qui vous servira plus tard!

6. À quel prix?

Au moins 5,000€ pour une année scolaire par un organisme sérieux.

Prévoyez aussi un budget d'argent de poche (150€ par mois). Il s'agit donc d'un investissement important à rentabiliser.

7. Comment gérer votre retour

Il faut que votre lycée vous réserve une place pour l'année suivante. En effet, il n'y a aucune équivalence possible avec les éventuels diplômes que vous aurez pu obtenir. Vous devrez passer le bac. Si vous partez après le bac, il faut impérativement vous inscrire ou vous faire inscrire en fac pour le retour. Renseignez-vous avant votre départ sur les règles dans l'établissement universitaire que vous souhaitez intégrer.

ANSWER IN ENGLISH

1. Give **one** reason mentioned for spending a year abroad. (**Section 1**)

2. What is the basic requirement for such a trip abroad? (**Section 2**)

3. On their return to France, participants have some advantages. Name **one**. (**Section 2**)

4. According to **Section 3** what is compulsory?

5. With whom will you meet before you go? **(Section 3)**

_____

6. What is the minimum amount of time one should spend abroad? **(Section 4)**

_____

7. When deciding where to go, what should be the most important consideration? **(Section 5)**

_____

8. To what does the amount €150 refer? **(Section 6)**

_____

9. What must you ask your school to do? **(Section 7)**

_____

10. If one goes abroad after finishing school, what must one do before leaving? **(Section 7)**

_____

3. *This is an article from the French magazine GALA about the famous French basket ball player Tony Parker.*

700 000 EUROS PAR MOIS!

À 22 ans, le basketteur tricolore décroche un contrat record et maintenant le sportif français est le mieux payé au monde.

1. «Je suis fier de moi. Quand j'y pense, je trouve que c'est quelque chose d'énorme, je n'y croyais plus!» Tony Parker, alias T.P. pour les copains, a su saisir la balle au bond et vient de marquer un des plus beaux paniers de sa vie. Après des négociations serrées avec les chefs de la NBA, notre prodige national du basket américain a signé avec l'équipe des Antonio Spurs pour six années supplémentaires mais surtout un contrat record pour un sportif français: 51.8 millions d'euros, soit 8.6 millions d'euros par an!

→

2. «Avec cet argent, je sais que ma famille est aujourd'hui en sécurité,» confie le meneur de jeu. «C'est très important pour moi.» Important pour celui qui a déjà annoncé qu'il bouclerait sa carrière au terme de ces six années, notamment pour s'occuper de Loriane, qu'il vient d'épouser, et des enfants dont il rêve. Mais aussi pour se rapprocher de sa mère, Pamela, qui vit à Paris. Important également vis-à-vis de son père, Tony Parker senior, figure du basket américain avant lui, issu des quartiers chauds de Chicago et que son fils veut gâter, désormais. «C'est lui qui me conseille, me soutient. Je l'ai au téléphone après chaque match. Il est tout pour moi et avant tout un très bon père.»

3. Tony est heureux. Et tant pis si les autres stars du basket américain sont bien mieux payées que lui. Tony n'est pas un envieux. Il décroche le jackpot grâce à sa passion. Mais à part couvrir de cadeaux ses proches, que va donc faire Tony de cet argent? D'abord, ce passionné de voitures va s'acheter une Ferrari. «Et pourquoi pas aussi un énorme 4 x 4 américain?», dit-il, gourmand.

4. Imaginez-le, un Fanta – sa boisson préférée – dans une main, une manette de jeu vidéo dans l'autre. Lui, quand il n'est pas sur un terrain, il fait du basket sur console ... Une passion, on vous dit! Dans son immense villa de San Antonio, au Texas, il vit comme un grand enfant. Il écoute du rap, dévore des macaronis au fromage et invite des copains à la maison plutôt que de sortir en boîte. Son truc le plus dingue, avoir un fou rire de plus de trois minutes!

RÉPONDEZ EN FRANÇAIS AUX QUESTIONS 1 À 7 ET EN IRLANDAIS OU EN ANGLAIS À LA QUESTION 8.

1. Quel est le surnom que les amis de Tony lui donnent? **(Section 1)**
_____

2. Nommez l'équipe pour laquelle Tony Parker joue au basketball. **(Section 1)**
_____

3. Trouvez l'expression qui montre que Tony est marié. **(Section 2)**
_____

4. Après six ans, qu'est-ce que Tony a l'intention de faire? **(Section 2)**
  - **(a)** habiter Paris.
  - **(b)** arrêter de jouer.
  - **(c)** partir à l'étranger.
  - **(d)** jouer pour l'équipe de Chicago.

5. Trouvez l'expression, dans la **section 2**, qui montre que Tony a un bon rapport avec son père.
_____

6. Citez la phrase qui indique que les basketteurs américains gagnent plus d'argent que Tony. **(Section 3)**
_____

7. Pour se détendre Tony fait du basket sur console. Qu'est-ce qu'il fait aussi pendant son temps libre? **Deux** détails. **(Section 4)**
  - **(a)** _____
  - **(b)** _____

8. Do you think that Tony Parker's lifestyle indicates that he has lots of money? Answer in English, giving **TWO** points and referring to the text.
  - **(i)** _____
  - **(ii)** _____

4. *Dans cet extrait, la narratrice, Pierrette, parle de son adolescence dans l'est de la France.*

1. Au lycée Camille-Sée de Mulhouse, je n'étais pas une bonne élève. Puisque mon père ne cessait de me critiquer au lieu de m'encourager, je me sentais idiote et devenais de plus en plus complexée. Comme nous n'étions pas riches, j'étais loin d'être habillée à la dernière mode, telles mes camarades de classe. La dernière mode se nommait jean et duffle-coat, alors que je portais un pantalon fait maison avec une canadienne, le vêtement traditionnel des ouvriers, qui tenait chaud mais manquait d'élégance. Ayant tout de même obtenu de ma mère qu'elle cesse de me couper les cheveux à la Jeanne d'Arc, je me coiffais avec soin, en mouillant mes cheveux avec de la bière pour que ça tienne. Je me trouvais toujours aussi maigre et laide.

2. À quatorze ans, je dessinais des figures de mode partout sur mes cahiers, voulant devenir styliste. Il existait une école des Beaux-Arts à Mulhouse et mon père consentit à me laisser tenter ma chance. Enfin, je pus évoluer dans un univers qui correspondait à mes aspirations. Comme j'étais plutôt douée en dessin, ce fut le seul moment de ma brève scolarité pendant lequel j'obtins de bonnes notes.

3. L'ambiance ne s'arrangeait pas à la maison avec des disputes, mais je la supportais en bâtissant des projets d'avenir. Je passais beaucoup de temps dans ma chambre, à lire ou à rêver. J'ai même commencé à écrire un journal intime que je cachais sous le linoléum, près de mon lit.

4. Je n'avais pas de petit ami mais je rêvais tout de même au prince Charmant. Pour lui, je me faisais belle dans l'intimité de ma chambre, et en m'admirant devant ma glace je m'adressais de grandes déclarations d'amour enflammées en embrassant passionnément mon image dans le miroir. C'étaient toujours des histoires d'amour impossibles, qui me faisaient pleurer.

Les Chevaux de Dieu
Pierrette Brès, 1996.

RÉPONDEZ EN FRANÇAIS AUX QUESTIONS 1 À 7 ET EN IRLANDAIS OU EN ANGLAIS À LA QUESTION 8.

1. Trouvez dans la **première** section l'expression qui montre que son père n'encourageait pas Pierrette.
   _____

2. D'après la narratrice, quels vêtements étaient à la mode à cette époque? **(Section 1)**
   _____

3. Dans la **première** section la narratrice nous dit qu'elle était
   (a) riche et heureuse.
   (b) intelligente et sociable.
   (c) mince et pas belle.
   (d) grande et bien habillée.

4. Quel âge avait-elle quand elle a commencé à dessiner? **(Section 2)**
   _____

5. Relevez l'expression dans **la deuxième section** qui indique qu'elle était forte en une matière scolaire.
   _____

6. Comment Pierrette passait-elle le temps dans sa chambre? Donnez deux détails. **(Section 3)**
   (i) _____
   (ii) _____

7. Trouvez dans **la quatrième section** un adjectif au féminin pluriel.
   _____

8. Do you think that Pierrette's teenage years were happy? Answer in English, giving **TWO** points and referring to the text.
   (i) _____
   (ii) _____

SECTION II (60 MARKS)

EXPRESSION ÉCRITE

Dans cette section, choisissez deux des options A, B, C. Rédigez vos réponses en français.

A

Répondez à (a) *ou* à (b)

(a) Complétez la lettre ci-dessous en écrivant les mots suivants dans les espaces appropriés. (N.B. Cette liste n'est pas dans l'ordre).

joli, passe, à, grande, banlieue, visité, chaque, sommes, pas, cartes

---

Bordeaux, le 5 juillet.

Chère Maman,

Je _____ des vacances formidables à Bordeaux. La famille Legrand est très accueillante et nous avons déjà _____ tout Bordeaux. C'est une ville magnifique.

Leur maison se trouve en _____ . Elle est assez _____ . Je partage la chambre de Nadine, c'est sympa.

Avant-hier, nous _____ allés à St Émilion où nous avons goûté à du vin rouge. Ça ne m'a _____ beaucoup plu mais M. Legrand a acheté plusieurs bouteilles. Le village était très _____ et j'ai envoyé des _____ postales.

Il fait chaud _____ jour et Nadine m'a dit que nous irions bientôt _____ la mer.

Écris-moi vite,

Bises.

Catherine.

OU

(b) Vous vous appelez John/Jane Fitzpatrick. Vous désirez travailler à Disneyland, Paris. Remplissez le formulaire suivant:

N.B. Répondez à 6, 7, 8, et 9 par des phrases complètes.

1. Nom: _____

2. Prénom: _____

3. Date de naissance: _____

4. Lieu de naissance: _____

5. Nationalité: _____

6. Quelles langues parlez-vous? _____
   _____
   _____

7. Quel genre de travail voulez-vous faire à Disneyland? _____
   _____
   _____

8. Décrivez votre expérience dans ce genre de travail: _____
   _____
   _____

9. Pourquoi voulez-vous travailler à Disneyland? _____
   _____
   _____

B

Répondez à (a) *ou* **à (b)**

(a) Leave a **message** for Bernard/Bernadette who is staying with you. Say that:

- You are organising a party for your best friend Caroline/Carl.
- You have gone to the supermarket to buy some food and drinks.
- You will be back soon to clean up the house.

OU

(b) You are on holidays in Kerry.
Write a **postcard** to your penfriend Thomas. Say that:

- You have finished your exams and you are on holidays.
- You are camping with some friends but the weather is awful.
- You will visit Killarney tomorrow and hire a bike.

C

Répondez à (a) *ou* **à (b)**

(a) You have just returned home from a school trip in Paris. Note the following in your **diary**:

- You arrived home yesterday at 5 p.m.
- In Paris it was cold and you bought a new coat.
- Now you are broke and you will look for a part-time job.

OU

(b) Write a **formal** letter to *Mme Annick Deschambre, 25 rue des Francs, 75010 Paris.*
In the **letter** say that:

- You are learning French and your teacher has given you her address.
- You would like to work as an 'au pair' for her next summer.
- You love children and you often baby-sit in town.

You are Mark/ Betty Donoghue, Garden Villas, Athy, Co. Kildare.

LEAVING CERTIFICATE EXAMINATION, 2006

FRENCH – ORDINARY LEVEL

LISTENING COMPREHENSION TEST (100 MARKS)

2006

SECTION I

You will hear an interview with Jamel Debbouze, one of France's best-known young comedians.

You will hear the interview **three times**: first right through, then in **three segments** with pauses, and finally right through again.

CD track 41

1. (i) According to Jamel, he was often
   (a) top of the class.
   (b) late for school.
   (c) bottom of the class.
   (d) punished at school.

   (ii) What did Jamel do at the age of fourteen?
   _____

2. Before coming to Paris, Jamel's parents lived in
   (a) Moscow.
   (b) Morocco.
   (c) America.
   (d) Australia.

3. In order to keep his feet on the ground, whom does Jamel need?
   _____

SECTION II

You will now hear some information on the future of languages.
  You will hear the material **three times**: first right through, then in **four segments** with pauses, and finally right through again.

CD track 42

1. How many languages disappear each year?
   _____

2. Which one of the following languages is mentioned in this section?
   (a) Italian.
   (b) German.
   (c) Portuguese.
   (d) Dutch.

3. Certain people in the Pacific know the names of hundreds of
   (a) insects.
   (b) animals.
   (c) birds.
   (d) fish.

4. In France, what have the Corsican, Breton and Basque people achieved?
   (a) Books are published in their language.
   (b) Radio programmes use their language.
   (c) Their language may be taught in school.
   (d) Television announcers use their language.

SECTION III

Hélène and Bertrand discuss a possible gift for their father's fiftieth birthday.
  You will hear the conversation **three times**: first right through, then in **three segments** with pauses, and finally right through again.

CD track 43

1. What does Bertrand suggest as a suitable gift?
   _____

2. Hélène suggests instead
   (a) a new computer.
   (b) a new television.
   (c) a weekend away.
   (d) a gift cheque.

3. (i) Where did Hélène find a special offer?
   (a) on the web.
   (b) at a travel agents.
   (c) in the small ads.
   (d) in a magazine.

   (ii) Bertrand is going to borrow money from Hélène. When will he pay her back?
   _____

SECTION IV

French politician Nathalie Kosciusco-Morizet answers questions.
   You will hear the interview **three times**: first right through, then in **four segments** with pauses, and finally right through again.

CD track 44

1. According to Nathalie, women in politics are
   (a) 20 years behind men.
   (b) 5 years ahead of men.
   (c) 10 years behind men.
   (d) 15 years ahead of men.

2. Nathalie says that husbands don't want their wives to go into politics because
   (a) they won't earn enough.
   (b) they will be spending time with other men.
   (c) they should look after their children.
   (d) they will be unhappy.

3. According to Nathalie, the world of politics is
   (a) tiring.
   (b) exciting.
   (c) full of disappointment.
   (d) full of surprises.

4. What does Nathalie like to do?
   (a) Travel.
   (b) Play sport.
   (c) Help people.
   (d) Watch television.

SECTION V

You will now hear each of the **three** news items **twice**.

CD track 45

1. (i) This news item refers to
      (a) baseball.
      (b) basketball.
      (c) cricket.
      (d) handball.

   (ii) What country did France beat in the final?
   _____

CD track 46

2. The teenager was
   (a) shot.
   (b) hit by lightning.
   (c) drowned.
   (d) sunburnt.

CD track 47

3. When were the two teenagers arrested?
   (a) On Wednesday morning.
   (b) Yesterday.
   (c) On Monday evening.
   (d) This afternoon.

STATE EXAMINATIONS COMMISSION

LEAVING CERTIFICATE EXAMINATION, 2006

FRANÇAIS NIVEAU ORDINAIRE ET SUPÉRIEUR ÉPREUVE DE COMPRÉHENSION AUDITIVE

2006 CD Script

CD track 41

Q.: Jamel, comment as-tu commencé ta carrière?
Jamel: Je dois ma réussite professionnelle à mes échecs scolaires. Souvent bon dernier de la classe, je faisais des bêtises pour amuser les autres. J'ai quitté l'école à l'âge de 14 ans pour suivre des cours de théâtre.
Q.: Tu as dis que tu es un grand stressé.
Jamel: Oui, la peur que ma carrière s'arrête me hante. Mes parents ont quitté le Maroc pour la banlieue parisienne et on avait très peu d'argent. Aujourd'hui, je roule en Ferrarri, mais j'ai peur de tout perdre.
Q.: Dans quel milieu te sens-tu le plus à l'aise?
Jamel: Je peux m'adopter à n'importe quel milieu. Je travaille dans les clubs les plus célèbres de Paris, ce qui ne m'empêche pas de rentrer tous les soirs dans ma banlieue. Pour garder les pieds sur terre, j'ai besoin d'être entouré de mes copains du quartier et de ma famille.

CD track 42

Le français va-t'il devenir, un jour, une langue morte? La question n'est pas ridicule. Tous les ans, vingt-cinq langues disparaissent, à ce rythme, la moitié des 6000 langues parlées actuellement aura disparu avant la fin du siècle.

Le principe est toujours identique. Un groupe dominant impose sa langue aux autres, soit par la force, comme l'anglais, l'espagnol, ou le portugais, soit par le pouvoir d'attraction d'une langue plus dynamique, dans ce dernier cas, les gens abandonnent volontairement leur langue.

Avec une langue ce n'est pas seulement un outil de communication qui disparaît, c'est toute une culture et une représentation du monde qui sont perdues à jamais. Par exemple, certain peuple du pacific savent nommer des centaines de poissons.

Chaque langue est intimement liée à l'identité du peuple qui la parle. C'est le cas du corse, du breton, du basque en France. Après des années de combat, on a le droit maintenant de les enseigner dans les écoles et les lycées même s'ils ne concernent qu'un petit nombre d'élèves.

CD track 43

Hélène: Bertrand, c'est le cinquantième anniversaire de papa dans deux semaines. On se cotise, comme d'habitude?

Bertrand: Je l'avais complètement oublié. Enfin ça tombe mal, je suis fauché en ce moment car je viens de payer mon abonnement au gymnase.

Hélène: Quand même il faut que nous lui offrions quelque chose de vraiment spécial.

Bertrand: Je sais, un nouveau portable. Celui qu'il a est vraiment démodé et maintenant ils sont très bon marché.

Hélène: Mais papa en a déjà un, et tu sais bien qu'il se fiche absolument de la technologie, il veut seulement que ça marche.

Bertrand: Mais moi, j'aimerais bien.

Hélène: Écoute, je te conseille de réfléchir à ce dont papa aurait envie et pas à ce qui t'intéresse. Moi, je pensais plutôt lui offir un week-end de détente dans un bel hôtel. Tu sais qu'il travaille comme un forcené au boulot en ce moment.

Bertrand: Tu en as parlé à Maman, qu'est-ce qu'elle en pense?

Hélène: Que c'est une très bonne idée! Elle est convaincue que papa rentrera de là, avec le moral remonté. Et j'ai même trouvé, une offre spéciale sur le web qui ne coûtera que 160 euros.

Bertrand: D'accord. Ça peut aller, faut que je m'arrange pour l'argent, je n'ai vraiment pas un sou en ce moment, tu pourrais m'en prêter peut-être. Je te rembourserais à la fin du mois.

CD track 44

Q.: Nathalie, les femmes sont toujours peu nombreuses en politique. Pourquoi?

Nathalie: Les femmes font trop peu de politique et surtout trop tard. Dans ces conditions elles ne pourront jamais aller aussi loin que les

	hommes. Tout simplement parce qu'elles ont 20 ans de retard sur eux. Les femmes ne doivent plus accepter d'attendre d'avoir élevé leurs enfants pour se lancer.
Q.:	Pourquoi est-ce plus difficile pour une femme de s'engager dans la politique?
Nathalie:	Elles pensent que ce n'est pas un monde pour elles. Trop de dureté, de sacrifices, de temps perdu et j'ajoute qu'il faut aussi la chance d'avoir un mari qui accepte une femme qui fait de la politique. Une femme qui ne soit jamais là, et qui passe son temps avec d'autres hommes.
Q.:	Décrivez le monde politique.
Nathalie:	C'est un monde dominé par l'égoïsme et l'orgueil. Mais aussi un monde remplit de surprises et de découvertes. Quand on a le virus de la politique on ne peut pas être heureux sans en faire.
Q.:	Il faut être une tueuse pour arriver au sommet?
Nathalie:	Franchement, je ne crois pas et je ne me sens pas l'âme d'une tueuse. Au contraire, j'aime aider les gens. D'ailleurs, je le dit à toutes les femmes, 'Venez faire de la politique, je vous aiderais'.

CD track 45

À Zurich, hier, la France est devenue championne d'Europe de hand-ball pour la permière fois de son histoire. Après leur victoire en demi-finale face à la Croatie, championne Olympique, les Français ont battu en finale, l'Espagne, 31 à 23.

CD track 46

Un adolescent de 14 ans est entre la vie et la mort après avoir été frappé par la foudre, samedi, alors qu'il s'abritait sous un arbre près de Deauville.

CD track 47

Deux jeunes ont été interpelés par la police lundi soir alors qu'ils tentaient de prendre de l'argent dans un distributeur avec une carte volée. Ils comparaîtront devant le tribunal demain.

State Examinations Commission

LEAVING CERTIFICATE EXAMINATION, 2007

FRENCH – ORDINARY LEVEL (220 marks)

TUESDAY, 12 JUNE – MORNING, 9.30 to 12.00

SECTION I (160 marks)

Répondez aux questions **1** à **4**. Aux questions posées en irlandais/anglais il faut répondre en irlandais ou en anglais.

1. *The following paragraphs provide information on various restaurants in Paris which are especially suitable for children.*

Nos Restos pour les Petits

1. Café Very

Situé à l'intérieur du jardin des Tuileries, près du bassin, c'est l'endroit idéal pour partager un repas avec les enfants. Vous aurez le choix entre le menu enfant à 12 € et les tartines de pain grillé qui vous ouvriront l'appétit rien qu'en les regardant de 8,90 € à 10,90 €.
Il est conseillé de réserver.

2. Le Vaudeville

Cette brasserie est l'endroit idéal pour découvrir les saveurs de plats typiques. Le menu enfant à 14 € est composé d'un petit apéritif jus de fruit ou limonade, un plat au choix et un dessert. Un petit livret menu gourmand avec des recettes simples et des coloriages leur est remis pour les aider à patienter entre deux plats. Ouvert tous les jours de 12h à 1h du matin.

3. Colette

Si vous faites partie des parents branchés, le design devrait vous plaire. Le menu enfant comprend un plat, un verre de fromage blanc et une boisson. Un seul inconvénient: il n'est proposé que le samedi. Pendant que vous vous offrez un moment de tranquillité et de détente devant votre brunch, les enfants pourront, pendant une heure, s'initier à la pâtisserie et à la réalisation de brochettes de bonbons.

4. Chez Marcel

Merci monsieur Parmentier. … La pomme de terre est toujours à l'honneur, cuisinée sous toutes les formes et accommodée à toutes les sauces. Les enfants auront le choix entre les mini-patatas: californienne, champignons-jambon gratinée ou encore une galette, etc. Une boisson et une coupe glacée, le tout pour 7 €. Les parents pourront manger à partir de 15 €.

5. Mouffetard

Dans ce restaurant, les grandes tables attendent les grandes familles avec brunch proposé les samedi et dimanche. Si les enfants ne sont pas tentés, ils pourront opter pour les tartines dégoulinantes de confiture ou de chocolat et les viennoiseries. Offrez-vous un brunch pour 19,50 € le week-end.

6. Le Bistro Gourmand

Spécialiste de pâtes, mais pas n'importe lesquelles. Elles semblent tout droit sorties d'un petit village du nord de l'Italie. Le quartier Boul'Mich est plutôt sympa, ce qui ne gâche rien. Testez ce restaurant, le repas est copieux et les pâtes font le régal des enfants. Le dimanche, un menu enfant à 9 € est proposé: glace, sorbet. Fermé le lundi.

7. Altitude 95

Situé au premier étage de la tour Eiffel et magnifiquement décoré, ce restaurant offre une vue superbe sur Paris. Le menu enfant à 9,50 € est composé d'une boisson, poulet ou jambon blanc servi avec des frites ou des haricots verts, et un gâteau au chocolat. Vous pouvez aussi y organiser un goûter anniversaire. Réservation obligatoire.

8. Cafétéria du Musée Rodin

Idéal pour les repas sur le pouce et surtout pour les goûters avec ses nombreux cookies et viennoiseries. Les enfants pourront aussi se défouler et se rouler dans l'herbe. Si vous ne faîtes pas la visite du musée, comptez 1 € par personne de droit d'entrée pour le jardin. Ouvert du mardi au dimanche de 9h30 à 16h30.

ANSWER IN ENGLISH

To which of the paragraphs 1–8 does the information in the left-hand column below refer? Write the name of the corresponding restaurant in the right-hand column.

ITEM	NAME OF RESTAURANT
Example: A restaurant which offers fruit juice.	Le Vaudeville
(a) where children can play on the grass.	
(b) which serves pasta.	
(c) which offers a children's menu on Saturday only.	
(d) where there is a wonderful view.	
(e) which is situated near a pond.	
(f) where children may choose bread and jam.	
(g) which is available for birthday parties.	
(h) where children can learn to make cakes.	
(i) which gives children a booklet with easy recipes.	
(j) which specialises in potato dishes.	

2. *Five people give their opinion on travelling around Paris.*

COMMENT SE DÉPLACER À PARIS

1. « *À vélo, c'est dangereux* »

« Je roule à vélo depuis six ans. C'est plus rapide, plus agréable que les transports en commun … et meilleur pour mes muscles! Mais quand je dois traverser tout Paris pour un rendez-vous, je préfère prendre le métro parce que les routes sont trop dangereuses: sur la route c'est chacun pour soi! Et le pire, ce sont les scooters. Ils roulent à toute vitesse avec un champ de vision très réduit. Pour que je renonce définitivement au métro, il faudrait qu'il y ait plus de pistes cyclables. »

Elyse Dupont, 27 ans

2. « *La voiture, c'est des contraintes* »

« J'ai fait le choix de conduire. Je me sens plus à l'aise dans ma voiture que dans une rame de métro: je peux écouter la radio. … En plus, sur mon trajet, je dépose ma fille à la crèche. Je pense que c'est mieux aussi. Mais c'est vrai que choisir la voiture entraîne de nombreuses contraintes. Par exemple, si je finis plus tôt que prévu, vers 18 heures, je n'essaie meme pas de rentrer. Je suis obligé d'attendre car il y a trop de monde. Parfois, c'est aussi un peu stressant … tout ce monde qui se double et qui veut passer le premier. »

Jules Bernard, 32 ans

3. « *Des trottoirs étroits et encombrés* »

« Pour emmener ma fille de 2 ans et demi à la crèche avec la poussette, je préfère y aller à pied. Le métro avec un enfant aux heures de pointe, j'évite. Mais sur mon trajet, les trottoirs ne sont pas très adaptés non plus: il y a peu de place pour les piétons. Et c'est souvent trop étroit pour une poussette, surtout quand les voitures sont garées sur le trottoir. Sans parler des scooters… Le week-end, je vais me promener dans des zones vraiment piétonnes, comme au bord des canaux. Là-bas, au moins, je suis sûre qu'on sera tranquille. »

Emmanuelle Manury, 37 ans

4. « *Ouvrir les voies de bus aux scooters* »

« J'ai mon permis voiture, mais il ne me sert qu'à conduire mon scooter! Avec la circulation, je ne peux même pas imaginer me déplacer en voiture à Paris. Je ne suis pas contre les transports en commun, mais pour mon trajet il y aurait trop de changements à faire. J'ai opté pour le scooter il y a dix ans: c'est tellement plus pratique, même si c'est un peu dangereux. Le vrai problème, c'est d'éviter les vélos: ils ne respectent pas vraiment les signalisations. Mais je pense que ce serait encore mieux si les couloirs de bus nous étaient ouverts. »

Denis Courtois, 31 ans

5. « *Je n'aime pas prendre le train* »

« Bus, train de banlieue, métro: chaque jour, depuis quinze ans, je passe deux heures dans les transports pour aller travailler. C'est fatigant. Sur ma ligne, les trains ne sont même pas propres: on hésite toujours avant de s'asseoir! L'autre inconvénient, ce sont les retards. Un jour, je suis restée bloquée pendant vingt minutes dans le noir entre deux stations de métro. Finalement, je suis descendue et j'ai fini le trajet à pied. J'étais partie à 18 heures de Paris, et je suis arrivée chez moi à 21 heures. Quand j'en ai vraiment marre, je dors chez des amis à Paris. »

Sandrine Chaize, 36 ans

ANSWER IN ENGLISH

1. Give **one** advantage of travelling by bicycle, according to Elyse Dupont. **(Section 1)**

   _____

2. What is her complaint about scooters? **(Section 1)**

   _____

3. Give **two** reasons why Jules Bernard prefers to travel by car. **(Section 2)**
   - **(a)** _____
   - **(b)** _____

4. What does Emmanuelle Manury say that she has to avoid? **(Section 3)**

   _____

5. What does she like to do at weekends? (**Section 3**)

6. When did Denis Courtois change from driving a car to driving a scooter? (**Section 4**)

7. What improvement would he like to see in place for motor-scooters? (**Section 4**)

8. Give **one** disadvantage of travelling by train, according to Sandrine Chaize. (**Section 5**)

9. What does she do when she is really fed up? (**Section 5**)

3. *This article from* Le Parisien *describes New Year's Eve celebrations in France.*

René et Roberte
1. René, 70 ans, et sa femme Roberte, 73 ans, ne seront pas les derniers à rejoindre la piste de danse le soir du 31 décembre. « *Mais nous serons sûrement les derniers à quitter la soirée* », plaisante René. Avec deux des frères et sœurs de René et quelques amis du même âge, le couple retraité depuis une dizaine d'années a décidé de passer le réveillon de la Saint-Sylvestre dans un restaurant, *le Relais des Chevaliers*. La petite bande d'amis ne raterait un Nouvel An pour rien au monde, mais c'est une des premières fois qu'ils se rendent dans un restaurant.

2. « C'est plus convivial »
« *Nous préférons maintenant faire le réveillon au restaurant plutôt qu'à la maison* » explique Roberte. « *Nous connaissons le patron, et c'est quand même plus convivial.* » En tout, une soixantaine de personnes seront là ce soir, âgées de 50 à 70 ans. Car si Roberte, René et leurs amis aiment bien manger, ils aiment aussi la société, danser et chanter. Ce qu'ils préfèrent: la musique des années 1980, le disco. Plus tard, sur la scène, ce soir, le restaurant offre quelque chose de vraiment spécial – Franck, illusioniste et ventriloque. « *Je vais faire des tours de magie en faisant participer le public* » explique Franck. René et Roberte ne comptent pas quitter les lieux avant cinq ou six heures du matin.

Sara et ses amis

3. La soirée ne sera pas semblable à toutes les autres fêtes qui les réunissent pendant l'année. Pour la Saint-Sylvestre, la dizaine d'amis âgés d'une vingtaine d'années a décidé d'organiser un repas assis chez Jules. *« Mais après, on dansera comme des fous pendant toute la nuit »*, précise Sara, vingt-deux ans. Les meubles du grand appartement de Jules seront poussés contre les murs et un beau couvert sera disposé sur la grande table. Florent, Lucie, Sara, Maud et tous les invités font partie de la même petite bande qui s'est rencontrée à l'Université il y a deux ans.

4. « Sortir de l'ordinaire »
Thème de leur soirée: la Russie. *« C'est pour faire plaisir à Florent et à Sara »* explique Jules. Florent a vécu là-bas. Quant à Sara, elle est d'origine russe. Et c'est donc à elle que revient la préparation du repas, assistée de Lucie à la décoration. Sans oublier les bouteilles de champagne, pas de première qualité mais indispensables aux douze coups de minuit. Coût de leur soirée: entre 30 € et 40 € par personne. Ils ne veulent pas dépenser trop d'argent. L'année dernière, la petite bande avait cherché l'aventure un peu plus loin. Ils se sont tous embarqués avec quelques euros en poche pour un week-end dans la maison de la grand-mère de Maud, sur la Côte d'Azur. Une soirée « extraordinaire » dans leurs souvenirs!

RÉPONDEZ EN FRANÇAIS AUX QUESTIONS 1 À 7 ET EN IRLANDAIS OU EN ANGLAIS À LA QUESTION 8.

1. Où est-ce que René et Roberte vont passer le réveillon de la Saint-Sylvestre? (**Section 1**)

2. Trouvez dans la **deuxième section** l'expression qui indique combien de personnes seront avec eux.

3. Selon l'article, Franck est (**Section 2**)
   (a) l'ami de René.
   (b) garçon de restaurant.
   (c) chef de cuisine.
   (d) magicien.

4. Citez une expression qui nous indique que René et Roberte vont rentrer tard à la maison. **(Section 2)**

5. **(i)** Où est-ce que Sara et ses amis vont fêter la Saint-Sylvestre? **(Section 3)**

  (ii) Trouvez dans la **troisième section** un verbe au futur simple.

6. Quelle est la nationalité de Sara? **(Section 4)**

7. Où est-ce que les amis sont allés l'année dernière? **(Section 4)**

8. "Different age groups celebrate the New Year differently." Comment **in English** on this statement, giving **TWO** examples from the text.
  (i) _____
  (ii) _____

4. *La narratrice s'appelle Claire Martigne. Elle vient de déménager à Lyon avec sa famille. Dans cet extrait, elle parle de ses expériences dans son nouveau lycée.*

1. Tout le monde bavardait, jouait, riait, criait. La cour du lycée Victor Hugo était pleine. Le bruit rebondissait contre les murs du vieux lycée. Des groupes de copains heureux se formaient à la fin des cours de la matinée. C'était un monde familier et plein de chaleur. Qu'est-ce qu'ils se racontaient? Je me suis sentie toute seule, timide, isolée et vulnérable en regardant cette scène. J'étais persuadée que ces gens parlaient de moi en me regardant furtivement, qu'ils me considéraient comme une curiosité, comme une espionne, peut-être même une extra-terrestre! Je me sentais exilée. →

2. Je ne voulais absolument pas déménager. Je ne voulais pas venir ici à Lyon. J'ai essayé en vain de persuader mes parents de changer d'avis et de rester à Marans, ou au moins de me laisser chez ma grand-mère dans le village voisin. J'avais quinze ans. J'avais mes copines. Pourquoi détruire tout ça pour venir ici? Mais mes parents avaient leur carrière à coeur. Ils travaillaient tous les deux pour la même compagnie. Si le directeur disait qu'il fallait venir à Lyon, alors allez hop! la famille Martigne obéissait. Je ne connais personne et me voilà dans ce lycée énorme, dans cette foule énorme de gens de mon âge qui m'ignorent.

3. C'était comme la première journée à l'école primaire ; je n'avais pas le courage de parler, et la sécurité et la familiarité de la maison me manquaient. Mais cette fois-ci ce n'était pas la maison qui me manquait mais la familiarité de mon vieux lycée ; pas mes parents mais mes copines me manquaient. À Marans on n'aurait jamais laissé une nouvelle élève seule comme ça. On l'aurait bien accueillie. Évidemment Lyon n'est pas comme ça. Dans les grandes villes, personne n'a le temps de parler. Si on n'est pas de Lyon personne ne veut te connaître. Ils rigolaient ce matin quand je parlais au prof de math. À Marans je ne savais pas que j'avais un accent si fort mais ici le garcon derrière moi m'a imitée. Si vraiment je parle comme ça je donne l'impression d'être tout à fait ridicule et stupide!

4. C'était l'heure du déjeuner. Tout le monde s'approchait da la cantine. La vraie torture. Ce n'était pas possible de s'asseoir seule à une de ces longues tables de réfectoire. Ici tout le monde savait que j'étais seule, que je n'avais pas d'amis. Pourtant, il fallait bien manger quelque chose. Je me suis approchée de la queue et j'ai pris le dernier plateau.

La Messagère
Contes et Récits
D'Aujourd'hui, 1994

RÉPONDEZ EN FRANÇAIS AUX QUESTIONS 1 À 6 ET EN IRLANDAIS OU EN ANGLAIS À LA QUESTION 7.

1. Trouvez dans **la première section** une expression qui décrit ce que faisaient les élèves dans la cour.

2. Citez dans le texte **un mot** qui décrit les sentiments de Claire. **(Section 1)**
_____

3. (i) Où est-ce que Claire habitait avant de déménager à Lyon? **(Section 2)**
_____

(ii) Citez une phrase qui explique pourquoi la famille Martigne a décidé de s'installer à Lyon. **(Section 2)**
_____

4. (i) Trouvez dans **la troisième section** un verbe à l'infinitif.
_____

(ii) Relevez une phrase qui indique que les élèves à Lyon n'étaient pas très amicaux. **(Section 3)**
_____

5. Pourquoi est-ce que les autres élèves se moquaient de Claire quand elle parlait? **(Section 3)**
_____

6. D'après **la quatrième section,** Claire
   (a) a décidé de manger en ville.
   (b) est sortie de la cantine.
   (c) a rencontré ses amis à la cantine.
   (d) est alleé manger à la cantine.

7. Why was Claire so unhappy at school in Lyon? Answer this question **in English**, giving **TWO** points and referring to the text.

(i) _____
_____
_____

(ii) _____
_____
_____

SECTION II (60 MARKS)

EXPRESSION ÉCRITE

Dans cette section, choisissez deux des options A, B, C. Rédigez vos réponses en français.

A

Répondez à (a) *ou* à (b)

(a) Complétez la lettre ci-dessous en écrivant les mots suivants dans les espaces appropriés.
(N.B. Cette liste n'est pas dans le bon ordre.)

trouvé, sympa, le, rentrerai, suis, à, ma, comprends, voir, belle

---

Nice, le 10 juin

Cher Paul,

Me voici _____ Nice chez _____ correspondante, Hélène. Je _____ ici depuis le week-end dernier.

La famille d'Hélène est très _____ . J'ai _____ les trois premiers jours très difficiles car tout le monde parle vite mais maintenant je _____ tout.

Nice est une _____ ville et il y a beaucoup à faire et à _____ . J'adore les repas français surtout _____ pain croustillant. Je _____ chez moi le 30 juin.

Amitiés,

Anne.

OU

(b) Vous vous appelez Patrick/Patricia Ryan. Vous voulez faire un stage d'été dans une école de langues à Cherbourg. Remplissez le formulaire suivant.

N.B. Répondez à 6, 7, 8, et 9 par des phrases complètes.

1. Nom: _____
2. Prénom: _____
3. Âge: _____
4. Nationalité: _____
5. Nombre d'années d'étude de français: _____

6. À part le français, quelles autres matières étudiez-vous à l'école?
   _____
   _____

7. Quels sont vos passe-temps préférés?
   _____
   _____
   _____

8. Donnez une brève description de votre personnalité.
   _____
   _____
   _____

9. Pourquoi avez-vous choisi Cherbourg pour faire ce stage?
   _____
   _____
   _____
   _____

B

Répondez à (a) *ou* à (b)

(a) You are staying with your pen-pal, Bertrand in Bourges. Leave a **message** saying:

- That you have gone to town to buy a magazine.
- That you will be home for dinner at 6.30 p.m.
- That you have two tickets for the concert this evening.

OU

(b) Write a **postcard** to your friend, Antoine/Agnès in which you say that:

- You arrived at La Baule yesterday with your family.
- You are staying in a youth hostel and it is not very expensive.
- You will be in Paris next week and you will ring him/her.

C

Répondez à (a) *ou* à (b)

(a) You have just had an argument with your parents about going out at the weekend. Note the following in your **diary**:

- You want to go out with your friends, but your parents won't allow you.
- You did a lot of homework this week.
- You think that they are too strict and you are angry.

OU

(b) Write a **formal** letter to Monsieur le Gérant, Hôtel Bellevue, 10 boulevard St. Pierre, 63300 Nice. In the **letter**

- Say that you are going to France with your family in June.
- Say that you would like to book a room for three nights.
- Ask if the hotel is near the beach.

LEAVING CERTIFICATE EXAMINATION, 2007

FRENCH – ORDINARY LEVEL

LISTENING COMPREHENSION TEST (100 MARKS)

2007

SECTION I

Three holidaymakers, Florence, Jean-Luc and Sofie, complain about the high cost of holidays.

You will hear the item **three times**: first right through, then in **three segments** with pauses, and finally right through again.

CD track 48

1. **(i)** Florence is staying in
    (a) a campsite.
    (b) an apartment.
    (c) a villa.
    (d) a hotel.

  (ii) How much did the drinks cost?

_____

2. What does Jean-Luc find particularly expensive?
    (a) Sightseeing.
    (b) Ice-cream.
    (c) Petrol.
    (d) Amusement parks.

3. Sofie is lucky because her father regularly
    (a) puts money in her bank account.
    (b) writes to her.
    (c) buys her a drink.
    (d) takes her to the sea-side.

SECTION II

In this interview, Doctor Bernard Kouchner puts the case for *le service civil*, a civic national service scheme for young people.

You will hear the interview **three times**: first right through, then in **four segments** with pauses, and finally right through again.

CD track 49

1. According to Dr Kouchner, civic service would give young people the opportunity to

    (a) help the poor.
    (b) care for the environment.
    (c) work in the community.
    (d) meet other people.

2. Who went to visit the Nile valley in Egypt, according to Dr Kouchner?
    _____

3. The civic service would last for

    (a) ten months.
    (b) six months.
    (c) four months.
    (d) twelve months.

4. How would young people be rewarded for taking part in the scheme?

    (a) They would be taught a new language.
    (b) They would be given a uniform.
    (c) Their driving licence would be paid for.
    (d) Their mobile phone bills would be paid.

SECTION III

You will hear a conversation between Brigitte and her boyfriend Didier.
 You will hear the conversation **three times**: first right through, then in **three segments** with pauses, and finally right through again.

CD track 50

1. Didier has been working every
    (a) Monday and Tuesday.
    (b) Thursday and Saturday.
    (c) Friday and Sunday.
    (d) Wednesday and Saturday.

2. What happened to Philippe last week?

   _____

3. **(i)** How did Didier show his anger?
    (a) He slammed the door.
    (b) He shouted at his boss.
    (c) He broke a car window.
    (d) He overturned the bin.

   (ii) What does Brigitte think of Didier's behaviour?

   _____

SECTION IV

You will hear an account of the effects of a fire in Rouen.
 You will hear the account **three times**: first right through, then in **four segments** with pauses, and finally right through again.

CD track 51

1. Mention **one** way in which the incident affected Daniel Garnier.

   _____

2. The main victims of the electricity breakdown were
   (a) householders.
   (b) banks.
   (c) market traders.
   (d) schools.

3. Sébastian Mouchon said he was lucky because
   (a) his employees helped him out.
   (b) the weather was very warm.
   (c) he didn't have much machinery.
   (d) he had ice to preserve the fish.

4. Who explained the situation to the people?
   (a) The mayor.
   (b) The electricians.
   (c) The firemen.
   (d) The police.

SECTION V

You will now hear each of **three** news items **twice.**

CD track 52

1. The Euro Lotto winner won
   (a) 64 million euro.
   (b) 53 million euro.
   (c) 47 million euro.
   (d) 38 million euro.

CD track 53

2. (i) Who made the seizure of cocaine?
   (a) Policemen.
   (b) The Army.
   (c) Customs Officials.
   (d) The Navy.

   (ii) In what country was the lorry registered?
   _____

CD track 54

3. According to this weather forecast, tomorrow will be
   (a) sunny.
   (b) overcast.
   (c) frosty.
   (d) cold.

2007 CD Script

CD track 48

Florence
Comme nous logeons dans un petit appartement, nous ne payons que 700 euros pour les vacances. Mais tout est cher autour! Dimanche, nous avons payé 13 euros pour duex cafés et les deux jus d'orange des enfants. Nous ne sommes pas encore allés au restaurant, mais on n'ira qu'une fois.

Jean-Luc
On a loué pour une semaine un emplacement de camping pour mobil home. Cela nous coûte 400 euros. On a aussi fixé un budget de vacances, mais il est impossible de ne pas le dépasser! Surtout qu'il faut ajouter le prix des repas et celui de l'essence qui sont vraiment très chers.

Sofie
Je suis en vacances à Narbonne et je trouve que la vie est très chère ice mais j'ai la chance d'avoir un père qui met de l'argent sur mon compte en banque régulièrement. Par contre, il m'appelle très souvent pour me demander d'arrêter de dépenser son argent!

CD track 49

Interviewer: Le service civil, c'est une nouvelle aventure citoyenne?
Dr Kouchner: Oui. Tout le monde, ou presque, semble d'accord sur le principe du service civil. Idéalement, tous les jeunes devraient y participer. C'est l'occasion de sortir de chez soi, d'apprendre la solidarité et d'aller à la rencontre des autres.
Interviewer: Et où ce service civil pourrait-il se passer?

Dr Kouchner: Cela peut se passer à côté de chez soi, dans la campagne française ou dans le tiers-monde. Je me souviens d'une experience avec des élèves d'un lycée agricole à Lyon qui sont rendus en Égypte, dans la vallée du Nil. Ça s'est passé merveilleusement! Ils sont revenus totalement transformés.

Interviewer: La durée du service, c'est un autre sujet à controverse?

Dr Kouchner: N'exagérons pas! Être citoyen de son pays pendant six mois de sa vie, ce n'est pas demander la lune! On peut s'adapter. Et pour ne pas poser des problèmes aux étudiants, on pourrait même fractionner le service en épisodes de deux ou trois mois qu'on pourrait effectuer pendant les vacances.

Interviewer: Comment pourrait-on récompenser ces jeunes?

Dr Kouchner: On peut envisager de payer aux jeunes leur permis de conduire, de leur offrir des stages préférentiels chez les pompiers ou les nageurs sauveteurs ou de leur donner un peu d'argent pour entrer dans la vie active. Ils doivent pouvoir en tirer un benefice.

CD track 50

Brigitte: Didier, tu as l'air furieux. Qu'est-ce qui s'est passé?

Didier: Ça y est, c'est fini! Je ne travaille plus à la station service! Je viens de démissionner.

Brigitte: Mais pourquoi? Je croyais que cet emploi te convenait bien.

Didier: Oui, mais jusqu'à maintenant, je travaillais seulement le jeudi et le samedi. Voilà que le patron, Monsieur Chartier, insiste pour que je travaille le vendredi soir aussi.

Brigitte: Mais tu gagneras plus d'argent comme ça. Pourquoi est-ce que c'est un problème?

Didier: Tu as oublié que je m'entraîne avec l'équipe de foot le vendredi soir. Je ne veux absolument pas manquer ça. La finale du championnat aura lieu dans quinze jours, tu sais. En plus, je suis le seul gardien de but depuis que le pauvre Philippe s'est cassé la jambe la semaine dernière.

Brigitte: Mais … tu as expliqué tout ça à Monsieur Chartier?

Didier: À vrai dire, j'ai dit « non » tout de suite, sans hésiter. Et j'étais si furieux que je suis même sorti en claquant la porte.

Brigitte: Oh, Didier, tu as eu tort! Ce n'est pas raisonnable. Tu aurais dû réfléchir un peu avant au lieu de perdre la tête comme ça et essayer de trouver un compromis. Tu n'as pas été très poli non plus.
Didier: Oh, laisse-moi tranquille Brigitte! J'en ai marre de tout!

CD track 51

À Rouen, dimanche matin, à la suite d'un incendie, trois mille foyers ont été privés d'électricité. Un témoin de l'incident, Daniel Garnier, raconte son expérience:
« J'ai entendu un boum et ensuite j'ai vu les pompiers arriver. Une demi-heure après, il n'y avait plus de lumière, mon congélateur s'est arrêté et l'ascenseur de mon immeuble ne fonctionnait plus! »

Les principales victimes de la coupure de courant ont été les commerçants du marché qui sont restés sans électricité jusqu'à 10h00 du soir. Jean-Paul Boulmé, marchand de fruits, n'était pas très content:
« Nous ne pouvions pas peser la marchandise avec nos balances électriques et nous avons perdu deux heures de vente! »

Mais Sébastien Mouchon, qui tient une poissonnerie, n'a pas eu trop de problèmes:
« J'ai eu de la chance car, moi, j'ai de la glace pour conserver le poisson. Nous avons aussi les camions frigo, à proximité, pour garder les produits au frais. »

Vers 11h00, le Maire de la ville s'est rendu sur les lieux du sinistre avant d'aller expliquer la situation aux commerçants. Les électriciens étaients encore sur place l'après-midi pour réparer les dégâts.

CD track 52

1. Un joueur français a gagné vendredi soir 64 millions d'euros lors du tirage de l'Euro millions. Il a préféré rester anonyme.

CD track 53

2. Hier matin, à la frontière, les douaniers français ont saisi dix-huit kilos de cocaïne lors d'un contrôle sur un camion. Les chauffeurs du véhicule, immatriculé en Autriche, ont déclaré ignorer la presence des stupéfiants.

CD track 54

3. Demain, dans le Nord du pays, le ciel sera couvert avec des risques d'averses l'après-midi. Les températures ne dépasseront pas 12 degrés.

Niamh
xxxx